LETTERATURE IBERICHE E LATINO-AMERICANE

Collana di studi e testi a cura di Giuseppe Bellini

LATIN AMERICAN VANGUARD PROJECT

FEDERICO SCHOPF

DEL VANGUARDISMO A LA ANTIPOESIA

Para el prof. Forster,
estos intentos de
determinar el concepto de
vanguardia y el desarrollo
de ella en nuestras literaturas,
muy cordialmente
[illegible]

BULZONI

Hernando de Aguirre 2190
Santiago. Chile

Stampato con il contributo
del Ministero della Pubblica Istruzione

00185 Roma, Via dei Liburni, 14

INDICE

PROLOGO

« A tientas entre las débiles llamas de lo no
[olvidado »
(R. del Valle, *Más bello el árbol que el Paraíso*)

Originalmente, este libro iba a contener una serie de ensayos acerca del desarrollo de la poesía en Chile y en Hispanoamérica, desde el vanguardismo hasta la llamada « Poesía Joven de Chile » que, surgida a comienzos de los años sesenta, ha dado ya algunas obras de importancia. El conjunto no aspiraba a constituir una historia de este momento literario, sino, todo lo más , a proporcionar materiales críticamente elaborados para una probable reconstrucción histórica —que ha de ser, en parte, también una demolición— de ese período. Pero las limitaciones de espacio —inevitables en una colección como ésta— me han obligado a reducir el libro a cuatro ensayos que tratan del vanguardismo —de algunas de sus manifestaciones en Hispanoamérica— y de la antipoesía de Nicanor Parra. He elegido estos trabajos —y no otros, por ejemplo, acerca de la obra de Neruda: de su recepción, de su experiencia de la naturaleza, de su representación del amor— porque se refieren a temas de literatura hispanoamericana relativamente poco conocidos en Italia y que, en general, tampoco han sido estudiados de manera suficiente en Hispanoamérica misma.

Estos ensayos han sido elaborados en las más diversas circunstancias. Sólo uno de ellos — « Introducción a la antipoesía » — fue escrito en Chile y antes de 1973, es decir, en el medio socio-cultural en que fue producida la obra de que se ocupa, la cual, a su vez, se refiere, en primera instancia, también a este medio. Los demás ensayos (salvo uno) han sido escritos en Frankfurt, a lo largo de diez años, luego de mi salida no voluntaria y algo precipitada de Chile. En este mundo cotidianamente nuevo para mí — que en realidad es el Viejo Mundo — se me ha hecho evidente la necesidad de estudiar críticamente la importancia de ciertas mediaciones para la producción y recepción culturales. A mi juicio, la obra literaria depende más del contexto de lo que generalmente — con vocación de eternidad — se admite. Es lingüísticamente autónoma (al menos dentro de ciertos límites históricos), pero no del todo independiente.

El último ensayo — que es el primero de este libro — fue concebido en Messina en las dos oportunidades (1983 y 1985) en que su universidad me invitó a dar cursos en ella.

« Deslinde de la noción de vanguardia » es un intento de establecer — siquiera provisoriamente — un concepto crítico del vanguardismo. Este concepto ha sido elaborado a partir de las diversas manifestaciones del vanguardismo en Europa y América y, por cierto, a partir de la consulta de numerosos trabajos que se ocupan de él, tanto teórica como empíricamente.

« El vanguardismo poético en Hispanoamérica » fue escrito especialmente para una revista alemana —*Iberoamerikana*—, es decir, estaba dirigido a lectores que tienen, parcialmente al menos, otros presupuestos que los lectores de Hispanoamérica. De ahí la mezcla —que existe también en otros trabajos míos de estos años— entre información (conocida por nosotros) y crítica. La brevedad del espacio disponible, me condujo, en este trabajo, a una selección exageradamente estricta de figuras poéticas y desarrollos locales del vanguardismo, que puede parecer arbitraria para muchos lectores (no se incluye a Léon de Greiff ni a Ricardo Molinari y apenas se menciona, de pasada, a Martín Adán y a César Moro). El trabajo, en todo caso, no aspiraba a ofrecer un panorama exhaustivo del vanguardismo en Hispanoamérica, sino a mostrar críticamente sus manifestaciones allí donde constituyó un momento colectivo relevante o allí donde fue un momento decisivo en la producción de ciertos poetas (cuando no la culminación de su obra). Ahora el trabajo aparece por primera vez en español, levemente amplificado en sus secciones dedicadas a la presencia del vanguardismo en México y Argentina (que en la revista alemana estaban tratados por otros autores). Para el lector que no conoce el ensayo de Martínez Estrada, pueden parecer originales las páginas en que se habla de Nicolás Guillén. El trabajo se incluye aquí con el propósito pedagógico de ayudar a situar el vanguardismo chileno en su contexto hispanoamericano —y no sólo en relación a Europa— y para facilitar la aprehensión de las diferencias, semejanzas y variaciones que se establecen entre los dos extremos de este desarrollo histórico: el vanguardismo y la antipoesía.

« Introducción a la antipoesía » — el ensayo más antiguo, de 1971 — fue escrito dentro de cierta atmósfera de esperanzas políticas y para una colección que procuraba integrar ciertos textos literarios en una nueva cultura. La versión que aquí se publica fue sometida a una reelaboración casi completa, que no sólo eliminó las numerosas e imprevisibles erratas que daban al ensayo, en algunos pasajes claves, la apariencia de ser la más delirante aplicación del método « paranoico-crítico ». He tratado, en todo caso, de conservar su estilo juvenilmente insolente — « yo soy aquél que ayer no más decía » — que pertenece, sin duda, a los años en que ser realista era pedir lo imposible.

« Antipoesía y vanguardismo » es, creo, un estudio relativamente novedoso de las relaciones entre la antipoesía y sus probables fuentes literarias y, en general, culturales.

Aunque parezca algo anticuado, quisiera recordar — como decía Horkheimer en sus *Comienzos de la filosofía burguesa de la historia* (ahora que estamos en sus finales) — que « ni la realidad es una cosa compacta, ni la conciencia un nítido espejo que... pudiera ser empañado... o limpiado por los eruditos, sino que la realidad completa es idéntica con el proceso vital de la humanidad, en el cual ni la naturaleza, ni la sociedad, ni sus relaciones mutuas permanecen inalterables ». Por último, quisiera sostener, con estos trabajos, que las relaciones de la literatura hispanoamericana con las literaturas europeas son relaciones de identidad y diferencia, en que las diferencias son partes constitutivas de su identidad.

Como siempre ocurre, muchas personas han ayudado — incluso sin saberlo — a la elaboración de este libro (en este sentido, no sólo la poesía puede ser hecha por todos, mientras no se demuestre lo contrario). De entre ellos, quisiera mencionar a Dieter Welke — de cuya imaginación crítica, me atrevo a llamarla así, y de nuestras alucinadas conversaciones más de una huella hay en estos escritos —, a Giuseppe Bellini — ejemplo de generosidad y tolerancia, que tanto ha hecho por nuestra literatura —, a Rafael de la Vega — por su aguda y cordial lectura de los manuscritos — y a los amigos de la Universidad de Messina, especialmente a María Luisa Tobar, infatigable en su asistencia a este huésped arribado

> donde espumoso el mar siciliano
> el pie argenta de plata al Lilibeo.

Messina, enero de 1985

DESLINDE DE LA NOCION DE VANGUARDIA

El vanguardismo es una peripecia literaria que pertenece ya al pasado. Con escasas excepciones, atrae irresistiblemente — como un magneto — aun a aquellos que le niegan toda eficacia. Una noción clara de lo que haya sido — al menos en Hispanoamérica — todavía no existe. El vanguardismo no ha sido aún investigado ni pensado suficientemente. La caracterización provisional que aquí se expone hará con seguridad agua por todas partes. Se reduce a enumerar algunos rasgos suyos, que se proponen como probablemente distintivos. No pretende abarcar la totalidad del vanguardismo hispanoamericano ni que todos los rasgos enunciados estén presentes en cada una de las obras que puedan asignarse a las numerosas manifestaciones vanguardistas en nuestras tierras. Aspiran a ser una construcción auxiliar (una especie de nave espacial o marina) que antes de deshacerse nos alcance a iluminar críticamente algunos sectores de la vasta aglomeración vanguardista, de sus ruinas, pero también de sus espléndidos edificios y de los caminos que, desde él, conducen a algunas de las obras más importantes de nuestro siglo.

No es difícil admitir que el modernismo — o parte de él — había asumido la modernidad literaria y la modernidad de la vida. Gutiérrez Girardot ha mostrado —en un decisivo ensayo, repleto de sugerencias— que el proceso de secularización de la imagen del mundo comienza, en el ámbito hispanoamericano, con el modernismo[1]. La «muerte de Dios» —preparada por los pensadores del Siglo de las Luces y llevada a su divulgación más clamorosa por obra y gracia de Nietzsche— adopta en Hispanoamérica, entre otras, la forma de la crisis religiosa. La trascendencia se vacía de su contenido tradicional o más radicalmente es negada en su existencia. La negación o puesta en duda de una parte de la totalidad, la fundamental, afecta necesariamente al resto, es decir, al mundo. Este deja de ser sentido o comprendido literariamente como un conjunto ordenado o, por lo menos, ordenado desde afuera, desde la trascendencia. Ya no hay relación segura con un fundamento. La vida, la realidad se han desatado. La experiencia se hace, en parte, fragmentaria. El poeta da cuenta de las sensaciones. Pero aspira al encuentro de un fundamento en que vuelvan a re-unirse el yo y la realidad externa. De esta carencia, de esta búsqueda existencial y cognoscitiva, surge el símbolo modernista y otros recursos expresivos. Su propósito es el registro y expresión de las «correspondencias» entre los distintos correlatos fragmentarios de la experiencia y una totalidad oculta, que no puede aprehenderse directamente como totalidad, pero que constituye el fundamento, lugar de

[1] R. Gutiérrez Girardot, *Modernismo*, Barcelona, Montesinos, 1983.

orígen y pertenencia del sujeto. En la poesía de Rubén Darío esta totalidad está aprehendida, presentida y representada como « la selva sagrada », esto es, como la naturaleza pánicamente organizada. Misión (no función) sagrada del poeta es la recuperación y representación de esta armonía (que se logra sólo esporádicamente y, además, no allana todos los abismos del « yo y el no yo »). La determinación ideológica de este sentimiento de pertenencia a la naturaleza —esto es, la reintroducción de la divinidad en la materia, su animificación — es justamente una de las dimensiones del modernismo contra las que reacciona con la máxima vehemencia el vanguardismo. Corresponde ella a la sublimación general de que se acusa en bloque a la literatura inmediatamente anterior: sublimación de la poesía, de la realidad que representa y de la función y posición social del poeta.

Para los vanguardistas, el poeta ha de bajar de las cumbres en que se creía o lo creían situado. El poeta modernista no sólo es « inspirado » — es decir, alcanza una relación exclusiva de conocimiento consigo mismo y con la realidad —, sino que es también un artífice, un conocedor de los instrumentos para la elaboración de los poemas. El poeta modernista conoce su oficio. Es un profesional que, en la mayoría de los casos, no obtiene reconocimiento — ni social ni económico — por parte de la sociedad burguesa. A veces asume la investidura de sacerdote (privado) de la religión del arte: aquella que vincula a los iniciados con el fundamento, la « selva sagrada » o cualquier otro sustituto de la religión otrora universal y ya históricamente en crisis. Hay seriedad (necesidad de creer, desesperación y esperanza) y hay teatro. Gutiérrez Girardot recuerda oportunamente la advertencia de Zaratustra de que « los poetas mienten demasiado » y que el mismo Nietzsche — en los *Ditirambos de Dionisio* — califica sarcástica, sangrientamente al poeta de « sólo poeta, sólo bufón »[2]. Desde su materialismo positivo y contingente — del que ellas mismas eran actores o víctimas — las clases hegemónicas habían captado el carácter bufonesco de estas pretensiones metafísicas — en el sentido prematerialista del término — y privadamente religiosas de los poetas de fines del siglo.

Pero la crítica vanguardista no surge de estas bases — de este materialismo vulgar, de esta defensa de intereses de clase, de esta legitimación ideológica, de este optimismo positivista que aliena y cosifica las relaciones humanas —, sino precisamente contra estas bases, contra esta burguesía que no sólo había marginado a los poetas: esto era lo menos grave, sino que no había trepidado en desatar las más espantosas guerras en su desarrollo y competencia por el mercado mundial. Esta crítica engloba a los poetas en la medida que se los acusa de haber tomado parte — voluntaria o involuntariamente — en la mascarada: no solo porque su interioridad se parecía demasiadas veces al *intérieur* de las habitaciones burguesas y, en este sentido, separaban tam-

[2] R. Gutiérrez Girardot, *op. cit.*, pp. 152-157.

bién el espacio privado del público [3]; no sólo porque la naturaleza a menudo se convertía en una ninfa (retratando de paso a una querida o a la querida de un magnate, cuando de pintura se trataba); o porque —como Enrique Larreta o Ricardo Jaimes Freyre— hayan falsificado, es decir, en el mejor de los casos, sublimado épocas pasadas de la historia: la España de Felipe II convertida en escenario de novela neogótica o una imposible antigüedad germánica; o porque, como Rubén Darío, hayan idealizado ingenuamente nuestro pasado indígena (a la manera, claro, como los *peintres pompiers* habían convertido a galos y francos en heroicos, monumentales antepasados de la burguesía francesa). No sólo por estas deformaciones de la realidad, que querían pasar por mímesis histórica del pasado y del presente, sino porque más radicalmente —salvo unos pocos, es claro, los que serían enseguida reconocidos como precursores: Lautréamont, Rimbaud, Sade— habían traicionado, tergiversado, a veces inocentemente, es cierto, la propia posición del poeta y la función social de la poesía. Este es el sentido radicalmente crítico que tiene, creo, la *empresa de desublimación* que emprendieron —desde distintos ángulos— sucesivos y simultáneos movimientos de vanguardia. Una crítica que está tanto desplegada explícitamente en los múltiples manifiestos y ensayos críticos

[3] Vid. W. BENJAMIN, «Paris, die Hauptstadt der XIX Jahrhunderts», *Illuminationen*, Frankfurt, Suhrkamp, 1961, p. 193 y ss.

del vanguardismo, cuanto contenida en los rasgos de su producción misma.

El poeta no está arriba ni está inspirado desde arriba. El orígen trascendente de su capacidad desaparece. Todavía más, la dirección desde la que se supone que proviene la poesía llega incluso a invertirse en algunos casos. Para los surrealistas, como se sabe, la poesía o algo más que ella surge de la liberación del inconsciente. Y cuando Vicente Huidobro califica al poeta de « pequeño Dios » reintroduce (in)voluntariamente a la divinidad en el horizonte, más exactamente en su *Horizon Carré* (1917). Pues este inédito atributo de Dios — su pequeñez — lo minimiza, es decir, lo anula y convierte en un simpático camarada de juego: « el adjetivo cuando no da vida, mata » advertía Huidobro en esta misma « Arte Poética » de 1916. Pero la negación más escandalosa del origen trascendente de la inspiración — situada en el extremo de la desublimación del poeta — proviene de la actividad dadaísta. De Tristan Tzara es la conocida fórmula para fabricar poemas: recortar palabras de un periódico, meterlas en un cambucho y sacarlas al azar.

La pérdida de vista de la trascendencia — al menos dentro del horizonte público del arte y el pensamiento crítico — condujo, paradojalmente, a una *amplificación vertiginosa de la realidad* representada y referida en la literatura[4]. Los escritores

[4] No se contradice con la existencia de poetas cristianos la circunstancia de que deban actuar en una

exploraron de arriba a abajo la realidad, tanto micro como macrofísica, penetraron las profundidades de la psique, se hicieron cargo de la técnica y sus productos, descubrieron dimensiones literariamente inéditas del tiempo y del espacio, cayeron en ellas, las inventaron. El tiempo deja de experimentarse sólo como un transcurso regular y uniforme. La relación con el espacio, mejor dicho, su experiencia, no se contiene en el interior de una perspectiva central. El espacio referido desborda estos límites y promueve una perspectiva cambiante, múltiple, cóncava, que superpone diversos puntos de vista o los hace sucederse sin posibilidades de exhaustividad. La realidad susceptible de experiencia y representación no coincidía con la realidad del realismo ni con el más allá inefable del símbolo y las correspondencias modernistas. La realidad del « realismo burgués » y sus variantes resultaba insoportablemente estrecha y mediatizada por reducciones ideológicas que iban desde el optimismo positivista — concepción del progreso humano que arrastró a la conocida serie de conflictos bélicos — hasta determinismos que disolvían y desresponsabilizaban

sociedad en que la religión ya no es universalmente practicada y aceptada. « El mundo secularizado demanda de nosotros, católicos, no la retirada de él, sino, al contrario, la toma de iniciativas dentro de él », dice J.L. Aranguren en *La Juventud Europea y otros Ensayos* (1965), cit. de *Obras*, Madrid, Plenitud, 1965, p. 871. Vid. ahora el reciente — y discutible — *Hombre y Dios* de X. Zubiri, Madrid, Alianza Ed., 1984, en que se propone un Dios trascendente « en » las cosas.

al individuo (que era la supuesta base y meta de la época burguesa). La amplificación y liberación de la realidad se transformaba, así, simultáneamente en una crítica a las imágenes represivas y mutiladas que comunicaba el realismo y el naturalismo burgués y desacreditaban también la mayor de los recursos expresivos que se habían heredado de la llamada « literatura burguesa ». Es de este imperativo práctico — la confluencia de un rechazo moral y de necesidades cognoscitivas — que surge la búsqueda de nuevos y más adecuados recursos expresivos y constructivos en el vanguardismo. Los « nuevos niveles de realidad » — como los llaman por comodidad los estudiosos, soslayando de paso sus dimensiones prácticas — exigían una modificación aparentemente radical del concepto y praxis de la poesía, cuando no su eliminación como medio para la liberación del hombre.

Las búsquedas de los diversos grupos y poetas vanguardistas — de ambos lados del Atlántico — se desplegaron aproximadamente entre las dos guerras mundiales. Fueron sucesivas y simultáneas y nos entregaron múltiples dimensiones de lo que, en sentido amplio, puede llamarse realidad. Por el momento, no es posible realizar aquí un registro empírico y una discusión crítica de todas y cada una de estas dimensiones. Sólo quisiera mencionar una, la del juego — la actividad, la relación lúdica —, por las consecuencias que tendrá para la comprensión del arte y para la reestructuración del espacio y las relaciones entre el azar, la necesidad, la probabilidad, etc. (recuérdese, por ejemplo, que en el creacionismo el libre o arbitrario juego formal conduce al descubrimiento de relaciones formales poéticamente necesarias)[5].

También para una hipotética Oficina Central del Vanguardismo hubiera sido inaprehensible como conjunto la totalidad referida en la dispersa producción vanguardista. Pero no sólo debido a la cantidad masiva de obras y a los encontrados niveles de realidad referidos. Es muy probable que para un número significativo de vanguardistas resultaran inabarcables los materiales y las experiencias propias y ajenas con que trabajaban. Apollinaire —en su conocida « Jolie rousse »— solicitaba para los poetas que combatían « en las fronteras de lo por venir » la conmovida piedad que se tiene con los héroes. Pocos años más adelante, uno de sus herederos más que legítimos, el poeta creacionista, proclamaba orgulloso la invención de un nuevo mundo en el Nuevo Mundo. Ambos —y muchos con ellos— comprendían el vanguardismo como una aventura, una alborozada empresa de descubrimiento. Pero en estos « tiempos heroicos » del vanguardismo, los poetas y artistas no solamente andaban en busca de « extraños dominios »: también *estaban donde no*

[5] El juego es esencial para diversas manifestaciones del vanguardismo y, por tanto, para la caracterización misma del vanguardismo en general. Ortega y Gasset — en la *Deshumanización del Arte*, 1925 — fue uno de los primeros, en el ámbito español, en percibir la significación del juego en la cultura contemporánea.

querían estar y ello desde hacía tiempo: en medio de una guerra (« parecía que la guerra no terminaría nunca » recuerda Tzara) proclamada por todas las partes en virtud del « Honor, la Patria, la Familia, el Arte, la Religión, la Libertad, la Fraternidad »[6] o sumidos en países subdesarrollados en que imperaba la más atroz injusticia, también en nombre de Occidente, es decir, de la inserción neocolonial en el sistema económico planetario.

La creciente alienación y cosificación, la experiencia dispersa, fragmentaria de la vida —cuya primera expresión moderna es, según Benjamin, *Les Fleurs du Mal*—, la contraddicción entre la moral patrocinada por el estado burgués y los hechos habían llegado a límites históricamente insostenibles.

En este clima exasperado se dice que Tzara habría jugado al ajedrez con Lenin y nada tiene de asombroso que para él (un poco más tarde, es cierto) y mucho más rápido par los dadaístas alemanes haya sido más urgente cambiar la sociedad —por obra de la revolución— que el arte[7].

Pero quienes insistieron en ocuparse de la producción literaria y artística —también como medio de agitación política, que es uno de los modos en que la vanguardia fue subversiva— traían o encontraban materiales, los decisivos, para los que no había

[6] T. Tzara, *Le Surréalisme et l'Après Guerre,* Paris, Nagel 1948, p. 17.

[7] R. Lacôte, *Tristan Tzara,* Paris, Seghers, 1952, p. 18.

recursos expresivos en la poética anterior (salvo los suministrados por precursores como Lautréamont que, por lo demás, los propios vanguardistas rehabilitaron). El correlato de sus experiencias, experimentos o imaginación excedía desmesuradamente las posibilidades expresivas de los recursos heredados o ya desde el comienzo las rechazaban por considerarlas contaminadas precisamente de la ideología represiva que ellos querían combatir hasta sus últimas consecuencias. Desde el punto de vista vanguardista, la mayoría de las formas heredadas —incluso la de textos críticos como los poemas de Baudelaire— amenazaban con reducir, tergiversar o, en el mejor de los casos, neutralizar el contenido novedosamente subversivo de las obras vanguardistas. Esta negativa radical a « echar nuevo vino en los viejos odres » —que reunía implícita y significativamente raíces éticas, gnoseológicas y poeticas— es uno de los motivos que explican que las obras vanguardistas difieran tanto en su construcción y apariencia de las obras anteriores.

Habiendo elegido la plena libertad (o necesidad) expresiva, los poetas vanguardistas utilizaron en la elaboración de sus obras todos los recursos que tenían a mano o podían inventar y que no tergiversaran el sentido de sus experiencias (que estaban en el fondo lejos de controlar o de poseer del todo). Uno de los principios constructivos más generalizados parece ser el *montaje*, se entiende, de elementos heterogéneos ya sea por su calidad material, procedencia, lugar y tiempo, género, especie, etc.[8]. En esta noción de montaje se puede resumir, creo, una serie de procedimientos y estructuras desde el *collage* cubista hasta el « encuentro casual del paraguas con una máquina de coser en una mesa de operaciones » con que Lautréamont se adelantó a caracterizar la poesía surrealista e incluso llegó más allá. En cierta pintura cubista (de Picasso, Braque o Juan Gris) pedazos de periódico o papel de las paredes se combinan, como se sabe, con fragmentos pintados ilusionísticamente en la tela; en algunos *collages* del dadaísmo y del surrealismo (Max Ernst, por ejemplo) se desplazan espacialmente partes de la figuras en ilustraciones tomadas de revistas de la *belle époque*; o se desplazan temporalmente mezclando épocas distintas (como en el bigote decimonónico pérfidamente masculino que Duchamp estampó a la Gioconda). La inserción de trozos del habla cotidiana en el texto poético —sentado en un café y recogiendo al azar frases de los transeúntes habría Apollinaire compuesto un poema— es también una forma de montaje (de discursos heterogéneos). O la concepción de la imagen como un « rapprochement de deux réalités plus ou moins éloignées... plus les rapports des deux réalités rapprochées seront lointains et justes, plus l'image sera forte— plus elle aura de puissance emotive et de

[8] Sobre el montaje, vid. las observaciones de P. BÜRGER en su importante *Theorie der Avantgarde und kritische Literaturwissenschaft*, Frankfurt, Surkamp, 1974, III, pp. 98-116.

réalité poétique — fecunda descripción de Reverdy[9] —, que en la práctica surrealista, y antes en el dadaísmo, condujo al encuentro, casual o voluntario, de realidades máximamente alejadas (en montaje de elementos de esferas ontológicamente diversas o normalmente separadas). La propia *éscriture automatique* puede ser considerada como hallazgo involuntario (a medias, según se sabe) de un montaje sintagmática y semánticamente anormal de palabras — como en otro plano el *objet trouvé.*

En breve, el poeta vanguardista recoge todos los materiales que le parecen adecuados: materiales de segunda mano, recortes de periódicos, frases de textos científicos de crónicas, de conversaciones de café, basuras lingüísticas (como las bravatas e insultos), ruidos, dichos populares, chistes políticos o chistes de color subido y también instrumentos de su propia confección: neologismos, secuencias sonoras (como en los poemas de Kurt Schwitters y Nicolás Guillén), imágenes creadas, sinestesias (en que se extreman las mezclas), paradojas, antítesis, ausencia de puntuación, espacios en blanco (en que se adelantó Mallarmé), etc., etc.

El montaje de estos materiales de tan diverso origen rompe la apariencia del conjunto orgánico y suficientemente homogéneo que tenían las obras poéticas tradicionalmente, tanto desde el punto de vista de los recursos expresivos como del contenido representado o referido. Ya no hay necesariamente

[9] P. Reverdy, *Nord-Sud* (1918) s.p.

una correspondencia básica entre el sentido de cada parte y el todo. La relación de las partes con el todo, a su vez, no es más de completación y complementariedad.

Las partes no se ensamblan necesariamente entre sí. No todos los elementos presentes son necesarios o tienen una posición necesaria para aprehender el sentido que tradicionalmente se espera del conjunto. Tampoco sus partes se ajustan perfectamente. La obra característica del vanguardismo es —siguiendo la acertada denominación de Umberto Eco— la *obra abierta*[10]. Es una obra « no acabada ». Su capacidad de comunicar varios « sentidos » no se apoya en la controlada orientación del texto a diversos códigos preestablecidos, como en tantos textos medievales. Al revés, respecto a la obra vanguardista parece no haber ningún código ni orden previo del mundo. Ni mundo.

Para Umberto Eco, la obra abierta instituye una nueva relación entre el artista y el público, entre el poeta y el lector. En ella, el lector es llamado a asumir un papel *activo.* Su recepción debe « completar » la obra según el supuesto « programa productivo » que ésta le ofrece.

Este nuevo lector se sitúa en el extremo opuesto del lector pasivo —apelado por las obras poéticas de estructura tradicional—, el cual se sastisface o realiza en la aprehensión de representaciones com-

[10] U. Eco, *Opera Aperta,* Milano, Bompiani, esp. el cap. « La poetica dell'opera aperta ». Las breves citas que siguen están tomadas de este capítulo.

pletamente elaboradas y que, en la mayoría de los casos, comportan su sentido. La obra abierta, en cambio, suele recurrir a su « programa productivo » no sólo por un truco o argucia del autor para atraer el interés de sus lectores. Puede ser abierta también —y esta es, me parece, la situación en las obras vanguardistas más significativas — porque el poeta no ha logrado referir a un sentido o a una totalidad de sentido los materiales que (re)presenta en su obra. El recurso al lector se transforma, entonces, en un llamado a su colaboración, a una participación activa en la búsqueda del sentido de una situación en la que el mismo lector se encuentra incluído. Pero el « programa productivo » de la obra no basta, no penetra ni abarca suficientemente el correlato —objetivo o subjetivo— de la experiencia representada.

Ya la estructura misma del montaje —que, recordemos, utiliza fragmentos de heterogénea procedencia— sugiere icónicamente la existencia de un probable fragmentarismo de base en la experiencia y la realidad representadas en las obras vanguardistas. En el creacionismo — proclamaba Huidobro — el montaje estaba al servicio de la incorporación de « mundos nuevos », esto es, era instrumento de un acto de creación y posesión de un espacio imaginario, agregado al de la realidad y dominado por relaciones inteligibles (que en el mejor creacionismo llegan a ser poéticamente necesarias). Sin embargo, parte de estos poemas — me atrevería a decir que los más logrados — son construcciones sobre un fondo de realidad inabarcable, más exactamente, sobre la falta de fondo que señalizan y comportan, al margen de la voluntad del poeta, los fragmentos extraídos mecánicamente y con demasiada prisa de la realidad, una realidad contradictoria y, por lo menos, desconcertante, en que un asombroso progreso técnico empobrecía y cosificaba las relaciones humanas. En el otro extremo de la recepción de esta realidad histórico-social se encontraba el (des)montaje de palabras, objetos, sonidos, grafías, estructuras sintácticas, rimas, morfologías, metros, estrofas, relaciones sociales, fórmulas científicas, códigos, etc., con que César Vallejo expresaba —en los poemas de *Trilce,* 1922, coetáneos del primer creacionismo— el máximo desamparo, aislamiento y desposesión aún del propio cuerpo: « Yo me busco / en mi propio designio que debió ser obra / mía, en vano: nada alcanzó a ser libre »[11]. Una sensación que se hace extensible a toda la comunidad: « Estáis muertos no habiendo antes vivido jamás... Pero en verdad, vosotros sois los cadáveres de una vida que nunca fue »[12].

Tampoco está demás recordar que el montaje no es sólo indicio del virtuosismo técnico, el esfuerzo y los conocimientos de su constructor. También es *expresión* —para hacer uso de un término de Karl Bühler— de la subjetividad del poeta y, dentro de ella, de su relación con las experiencias que quiere o necesita representar. Como parte constitutiva del signo —del texto significante— denuncia una serie

[11] C. Vallejo, *Trilce,* LVII, en *Obra Poética Completa,* Madrid, Alianza, 1982, p. 160. Ed. de A. Ferrari.
[12] C. Vallejo, *op. cit.,* LXXXV, p. 174.

relativamente amplia de disposiciones anímicas del sujeto vanguardista: entusiasmo, depresión, espíritu de aventura, denuncia, esperanza, desesperanza, compromiso político, ansia de comunion, comunión, soledad, desamparo. Pero creo que gran parte —o al menos una parte significativa— de la producción vanguardista está impregnada de un subterráneo sentimiento en que se confunden angustia, estupor, desconcierto ante una empresa que los poetas presienten que sobrepasa las fuerzas de un individuo aislado. O dicho de otra manera, ante la apariencia abisal e infranqueable, desmedida, que asume la ruptura que experimenta el poeta consigo mismo, con el prójimo, la humanidad, la historia y sobre todo, con la materia y sus orígenes:

> Ahora bien, de qué está hecho este surgir de palomas
> que hay entre la noche y el tiempo como una barranca
> húmeda? [13].

Es claro que los poetas anteriores se han hecho estas mismas preguntas —y a menudo con más intensidad que muchos vanguardistas— y es claro también que en su expresión y búsqueda iban más allá de las reducciones ideológicas de su tiempo. Pero a medida que se desarrolló la llamada época moderna —ese proyecto ya inacabado de que habla Habermas— se produjeron modificaciones decisivas en el ámbito concreto en que surgían estas preguntas y en

[13] P. NERUDA, « Galope Muerto », *Residencia en la Tierra,* B. Aires, Losada, 1957, p. 12. Primera ed. 1933. El poema apareció en *Claridad*, Santiago de Chile (¿agosto de 1926?) y en *Revista de Occidente*, 81 (1930).

el que trabajaban los poetas vanguardistas o vinculados al vanguardismo: no en el apartamiento, banalización u olvido de estas preguntas, sino en su asumpción poética e incluso práctica. César Vallejo es, sin duda, uno de los poetas hispanoamericanos que —dentro de su corta vida— más lejos llegó en esta dirección. Algunos estudiosos sostienen que su segundo libro, *Trilce* (1922), se elaboró sin que Vallejo estuviera informado de las direcciones vanguardistas que se desarrollaban paralelamente a su trabajo literario[14]. Pero los poemas de este libro realizan la común ruptura con la poética modernista y van más allá, es decir, comienzan a emplear un lenguaje nuevo que permite la expresión de una existencia socialmente degradada, frustrada y a la que no encuentra sentido. Muy poco después, una serie de artículos —que Vallejo escribió desde París— muestran que el poeta observaba con especial atención crítica el desarrollo de las diversas manifestaciones del vanguardismo. En ellos, insiste con vehemencia en que hacer « poesía nueva » no consistía en la confección de metáforas e « imágenes nuevas » que siguieran expresando sentimientos del pasado o en la introducción de aparatos técnicos: automóviles, aeroplanos, locomotoras, gramófonos, cinema, telegrafía sin hilos, sino en la expresión de una *nueva sensi-*

[14] Vid. sobre este problema X. Abril, *Vallejo. Ensayo de Aproximación Crítica,* B. Aires, Front, 1958; id. *César Vallejo o la Teoría Poética*, Madrid, Taurus, 1963. Tb. R. Paoli, « Alle origini di Trilce: Vallejo fra modernismo e avanguardia », *Annali*, Verona, Serie II, Vol. I (1966-1967), pp. 3-19.

bilidad: « El radio... está destinado, más que a hacernos decir "radio", a despertar nuevos temples nerviosos, más profundas perspicacias sentimentales, amplificando evidencias y comprensiones y densificando el amor »[15]. Esta preocupación por expresar, más exactamente re-producir la nueva sensibilidad, las nuevas relaciones entre el ser humano (el sujeto necesariamente modificado por el contexto) y la realidad objetiva que había surgido del desarrollo económico-social —una relación que se había hecho exasperadamente conflictiva— no podía menos que vincular, crítica y poéticamente, a Vallejo con los sectores vanguardistas animados de propósitos análogos: no sólo expresar las nuevas relaciones, la nueva sensibilidad —lo que no es posible refleja o pasivamente—, sino liberarlas de su cosificación y desarollo alienado, es decir, simultáneamente, producir su liberación y (re)producirla. Por lo demás, poemas como « un hombre pasa con un pan al hombro » hacen evidente que Vallejo echó mano, selectivamente, es cierto, de abundantes materiales del vanguardismo en la elaboración de su poesía póstumamente publicada.

Como señala Noël Salomon, en *Trilce* el sufri-

[15] C. Vallejo, *El Arte y la Revolución*, Lima, Mosca Azul, 1973, p. 54. Un lúcido y sugerente análisis sobre las relaciones de Vallejo con las diversas vanguardias en A. Melis, « L' 'austero laboratorio' di Vallejo e il distacco dall'avanguardia », *Letterature d'America*, Roma, III, 11 (1982), pp. 35-59. Sobre la « nueva sensibilidad » como rasgo esencial del vanguardismo, vid. tb. P. Bürger, *op. cit.*, III, pp. 81 y ss.

miento de los seres humanos no está ya vinculado a raíces teológicas [16]. Hay sufrimiento social y sufrimiento metafísico (a menudo confundidos). En la poesía posterior de Vallejo —póstumamente publicada— la responsabilidad respecto al sufrimiento de sí mismo y de los otros es de todos los que toleran esta situación radicalmente injusta y toma incluso la forma de culpabilidad en el poeta. La (re)humanización de cada persona y la comunidad comienza con el trabajo por la eliminación del sufrimiento socialmente producido. Para ello no basta el mero progreso técnico, sino que, al revés, hay que trabajar también para modificar las condiciones sociales en que se produce ese progreso y en que el hombre vive alienado de sí mismo y de los otros. El trabajo y la lucha —la destrucción necesaria de las condiciones destructivas del ser humano— son los medios para realizar la utopía de la solidaridad, de la comunión entre los hombres (que en algunos poemas de Vallejo afinca en el recuerdo de su infancia: del hogar, la madre, la comunidad).

Establecer los límites históricos del vanguardismo no es empresa fácil (ni que pueda ser acometida aquí en detalle). Sus sucesivos comienzos están marcados siempre por clamorosos manifiestos o por la práctica literaria de la ruptura. Poetas como Huido-

[16] N. SALOMON, « Algunos aspectos de lo humano en Poemas Humanos », en A. FLORES, *Aproximaciones a César Vallejo,* New York, Las Américas, 1971, t. 2, pp. 191-230. Art. original (en francés) en *Cahiers du Monde Hispanique et Luso-Bresilien*, 8 (1967), pp. 97-133.

bro, Vallejo o Nicolás Guillén intentaron expresarse, en sus inicios, dentro del estilo modernista o postmodernista, pero sus experiencias y sus propósitos poéticos no se ajustaban a la capacidad expresiva de este sistema o la excedían. La sustitución y rechazo, en ellos, del sistema expresivo y las concepciones literarias inmediatamente anteriores era, pues, resultado doble de su propia práctica literaria y de sus nuevas ideas acerca de la poesía y sus funciones.

A la ruptura total y en bloque con el pasado sucedió paulatinamente —con velocidad proporcional a la aceleración vanguardista— el reconocimiento de precursores como Apollinaire, Laforgue, Rimbaud, Lautréamont o el mismo Hegel, algunos de los cuales irían a formar parte de una especie de historia universal de la disidencia (en que más tarde ocuparían un lugar el Archipoeta de Colonia, los clerici vaganti y otras flores goliárdicas, François Villon, Baudelaire, Corbière). Sin embargo, desde el punto de vista de los vanguardistas —que tendían a ver el pasado como un vasto campo de ruinas— estos precursores aparecían como figuras solitarias: ellos, en cambio, se sentían parte esencial del grupo que habían constituido, tenían la sensación de participar en una empresa colectiva de « borrón y cuenta nueva »[17].

[17] Para M. De Micheli, *Las Vanguardias Artísticas del Siglo XX*, La Habana, Uneac, 1967 (org. italiano de 1959), las vanguardias constituyen un segundo momento organizado, una continuación de la oposición artística a la consolidación del estado burgués en el siglo XIX, que se habría intensificado a partir de 1848 y habría alcanzado su máxima virulencia a partir de los años 70:

Cada grupo, a su vez, surgía de la negación, de la diferencia —pretendidamente radical— respecto a las demas manifestaciones del vanguardismo. Paradójicamente, la investigación procura reconstruir la base común de todos estos movimientos —desplegada en su desarrollo—, es decir, su identidad, su diferencia en relación al pasado.

En Hispanoamérica, poetas ligeramente anteriores al vanguardismo —como López Velarde o Luis C. López— habían introducido ya una perspectiva irónica y, con ella, cierta relativización o exaltación de sentimientos e imágenes, pero en el interior de una escritura que aún dependía, en último término, del sistema modernista. Tampoco el empleo de palabras o estructuras coloquiable lograba en estos poetas —que no tenían este propósito— ir más allá de los limítes establecidos institucionalmente al arte [18]. La trascendencia (vacía en la terminología de Hugo Friedrich) continuaba siendo un problema inquietante en estos poetas o una lamentable ausencia.

El fin histórico del vanguardismo tampoco es

« El artista tendía cada vez más a transformarse en signum contradictionis. Se pasaba así de los síntomas aislados de la rebeldía al segundo tiempo, o sea, a la organización de los movimientos de rebelión » (*op. cit.*, p. 68). De Micheli es uno de los críticos que con más vehemencia insiste en que « el arte moderno no nació de una evolución del arte del siglo XIX; por el contrario, nació de una ruptura con los valores de ese siglo. Pero no se trató de una simple ruptura estética » (*op. cit.*, p. 1).

[18] P. Bürger, *op. cit.*, pp. 15 y ss.

claro. Quizás pueda inscribirse —para decirlo algo retóricamente— en el decurso de tiempo en que su fracaso práctico de cambiar la vida produjo, paradojalmente, una práctica poética y una serie de obras en que están contenidas no sólo experiencias esenciales de nuestro tiempo, sino todo un sistema expresivo nuevo, o, en el peor de los casos, el núcleo distintivo de ese sistema. Pero el empleo de la noción de vanguardismo es ambiguo en la crítica y oscila entre dos extremos: aquél en que caracteriza un momento más o menos pasajero y aquel en que caracteriza todo un período de la literatura contemporánea. Obras como *Altazor* (1931) de Huidobro, *Residencia en la Tierra* (1933 y 1935) de Neruda o *Poemas Humanos* (1939) de Vallejo, ¿pertenecen al vanguardismo o éste ha preparado solamente el camino para su surgimiento? ¿Constituyen ellas la superación del vanguardismo o, por el contrario, la plenificación de sus propósitos y esfuerzos? Cualquiera sea la respuesta —y es en parte ambas— me parece innegable que esta obras están escritas a partir del sistema expresivo y de las concepciones que comenzó a elaborar el vanguardismo y que probablemente llegan a su conclusión en ellas.

Qué sea cierto neovanguardismo es otro tema. Comparto, no obstante, la posición de De Micheli: « Se trataba, pues... de comprender las vanguardias en su sustancia, distinguiendo sus momentos y aspectos, descubriendo en ellas los impulsos más auténticos que hoy siguen manteniendo una fuerza de choque o persuasión. El destino de aquellas tendencias contemporáneas que pretenden continuar las vanguardias exasperando únicamente sus elementos formales es el de convertirse en seudovanguardias. Es decir, el significado de las vanguardias mejores es mucho más profundo que una simple 'variación' de estilo »[19]. El neovanguardismo —salvo escasas excepciones— hace el juego a la más peligrosa coerción ideológica de la sociedad de consumo: a la desublimación represiva, o surge de ella. Parece producir directamente para el mercado y a mediano plazo para los museos (para utilizar una frase de Adorno). La burguesía de hoy prefiere adornar sus interiores con cuadros (y la pequeña burguesía con reproducciones o series pequeñas de grabados), de la neovanguardia o incluso de cierta vanguardia abstracta o surrealista (que toleraba esta tergiversación o ha terminado por sucumbir a ella). En estas reproducciones y repeticiones se introyecta con éxito la separación del placer estético —reducido en realidad a la confirmación de un status social por medio del arte rebajado a adorno— respecto a su experiencia originariamente conjunta con cierto (re)conocimiento y una actitud ante la vida, es decir, no sólo se neutraliza la función original de la vanguardia y el arte de nuestro tiempo, sino que se la suplanta. Pero nunca se hace la utopía de la liberación más deseada y necesaria históricamente que cuando es reprimida con la mayor racionalidad totalitaria y apariencia democrática.

[19] De Micheli, *op. cit.*, Prefacio a la ed. cubana, pp. IX-X.

EL VANGUARDISMO POÉTICO EN HISPANOAMÉRICA *

En los orígenes del vanguardismo hispanoamericano está la crisis de la concepción anterior de la poesía y sus probables funciones en el interior de las sociedades hispanoamericanas. No es propósito de este ensayo dar una definición preliminar del vanguardismo que —como todo fenómeno histórico— no es una estructura que cada obra particular realice totalmente, sino resultado de la actividad de poetas, críticos, lectores en cierta situación concreta y, en este sentido, objeto de estudio de investigaciones que todavía no se han desarrollado suficientemente. Nos contentaremos, pues, con enumerar una serie de rasgos que, por el momento, nos parece que caracterizan las obras vanguardistas o, al menos, facilitan su reconocimiento. Tampoco es posible aquí, en tan poco espacio, dar un panorama completo de las múltiples manifestaciones del « espíritu vanguardista » en las literatura hispanoamericanas. Por ello, hemos realizado una selección de sus apariciones allí donde fue asumido creadoramente por poetas como Huidobro, Vallejo o Nicolás Guillén y allí donde efectivamente significó una contribución para el de-

* Orig. « Die literarische Avantgarde in Hispanoamerika », *Iberoamerikana*, 15 (1982), pp. 3-31.

sarrollo de la poesía actual de Hispanoamérica. El orden de esta exposición crítica será, aproximadamente, el orden cronológico de su aparición en las diversas literaturas de Hispanoamérica. Teoría y práctica del vanguardismo se despliegan, en sentido amplio, entre 1916 y 1939; en el sentido más restringido de su predominio, entre 1922 y 1935.

Desde el punto de vista literario, el vanguardismo comienza, en todas las literaturas hispanoamericanas, como una reacción contra el sistema expresivo del modernismo y su concepto de la poesía y el poeta. El reconocimiento oficial del modernismo había peraltado su concepción del arte como elaboración de objetos preciosos, joyas idiomáticas que, resultado de la inspiración y la técnica elevada de los poetas, comunicaba una visión tendencialmente sublimada de la realidad y la vida. El modernismo había perdido carácter subversivo —en tanto reivindicación de los sentidos, erótica y en parte política— y, con ello, capacidad para representar y expresar los sentimientos, percepciones, acontecimientos que iban surgiendo en las conflictivas sociedades de América Latina.

El sistema expresivo que había elaborado el modernismo actuaba represivamente en relación a los impulsos de los nuevos poetas; reducía y deformaba los contenidos que ellos querían expresar y comunicar. Los metros del modernismo, sus refinadas rimas y ritmos, sus metáforas predilectas comenzaron a ser vistas como estorbos para la producción literaria. El vocabulario modernista, muy abundante, era inadecuado para referirse a los temas y objetos que preocupaban a los nuevos poetas: era un vocabulario elevado que los vanguardistas reemplazaron o enriquecieron con neologismos y muchas palabras de los niveles de estilo medio y bajo que reconocía la retórica clásica. La sintaxis anómala, descoyuntada, el asíndeton, la frase hecha se agregaron a las estructuras sintácticas de la poesía tradicional o las reemplazaron. También la escritura automática o semiautomática. La incongruencia entre tema y « estilo » — de que habla Hugo Friedrich — se transforma en recurso expresivo. Los ruidos, onomatopeyas sonantes o disonantes entran en la poesía. Uno de los que llevaron a su extremo las innovaciones en el plano fónico es Nicolás Guillén.

Lugar privilegiado en las preferencias expresivas del vanguardismo tuvo la *imagen*, es decir, la imagen, metáfora, sinécdoque o metonimia sorprendente, novedosa, original. El ultraísmo argentino afirmó que era el « elemento primordial » de la poesía. Huidobro concebía, en los inicios del creacionismo, que el núcleo esencial de la poesía era la imagen que reunía elementos distantes en el espacio y en el tiempo. Pero uno de los más radicales innovadores, César Vallejo, advertía en 1927 que muchas « imágenes por sustitución, híbridas, ambiguas, inorgánicas, falsas... carecen de eficacia poética » [1].

La enumeración caótica, las paradojas, las antítesis, la hipálage, el oxímoron, el montaje de situa-

[1] C. VALLEJO, « La imagen y sus sirtes » (1929), cit. de C. VALLEJO, *El Arte y la Revolución*, Barcelona, Laia, 1978, p. 115.

ciones y textos diversos —sobre todo el montaje me parece esencial al vanguardismo—, el collage, el bricolage fueron también recursos con que los poetas vanguardistas intentaban comunicar sus contradictorios mensajes.

En un comienzo, sorprender al lector, provocar un terremoto en sus espectativas, destruir la seguridad de su imagen del mundo, proponerle imágenes novedosas era el propósito de vanguardistas como Huidobro, Oliverio Girondo, Borges, cierto Vallejo incluso o el tardío Coronel Urtecho. Era lo que Apollinaire habría proclamado antes que nadie (según él mismo): provocar sorpresa distinguía al « esprit nouveau » de toda la literatura anterior. Pero la sorpresa y otros medios de sacar al lector de su tradicional disposición pasiva se convirtieron en medios de representar y comunicar dimensiones literariamente inéditas de la realidad y la vida o de amplificar el mundo de lo real con el mundo de lo posible y lo que puede llegar a ser.

Característica de las diversas manifestaciones del vanguardismo (salvo escasas excepciones) es su *espíritu de grupo*, su sentimiento de colaborar en una empresa colectiva de destrucción de la literatura anterior y sus bases sociales y de proposición de nuevos caminos y metas. La relación que establecen con el público es intencionalmente antagónica, a veces agresiva: quieren contradecir los hábitos de sus probables lectores, su manera de concebir la literatura y sus funciones dentro de la sociedad. Por ello, se vieron constreñidos —como lo destaca Paola Rossi[2] — a formar alrededor de ellos un espacio receptivo capaz de sostener su existencia y desarrollo, es decir, a ganárselo, a luchar por él y su continua expansión. Sólo desde esta base de operaciones — que no es una *élite* en sentido tradicional, ya que, por ejemplo, los futuristas italianos fueron, en sus inicios, apoyados por los obreros de Milán contra los jóvenes burgueses[3] — podían pretender alcanzar al gran público.

Desde el punto de vista temático, los vanguardistas amplian enormemente el campo de la poesía. No sólo porque introducen calzoncillos, camisas, máquinas, automóviles, quirófanos, cowboys, negros oprimidos, panaderos, víctrolas, obreros, ingleses espantosos, obispo bolcheviques, al que se coge el dedo en una puerta, cisnes ahogados, sapos, culebras, yeguas, masturbaciones, defecaciones, sino también porque fueron más allá de representar los objetos y actividades como correlato de la conciencia o la percepción normal. El inconsciente, el subconsciente, ciertos sueños, cierta fantasía entraron a la poesía y nos entregaron dimensiones inesperadas de la interioridad del hombre y la realidad exterior. Las fronteras entre lo real y lo irreal, lo verdadero y lo falso, se hacen inciertas, las relaciones de tiempo y espacio pierden su homogeneidad, se relativizan como puntos de apoyo para ordenar la realidad y la experien-

[2] P. Rossi, *Da Unamuno a Lorca*, Catania, Gianotta ed., 1967, p. 96.

[3] A. Gramsci, Carta a Trotski, en « El futurismo », *Arte y Revolución*, Paris, Ruedo Ibérico, 1969, pp. 83-108.

cia. La perspectiva frente a la realidad experimentada o referida pierde su homogeneidad. Deja de ser constante o estática. Las perspectivas cambiantes se suceden o superponen. También la temporalidad no se experimenta más sólo como cronología o desarrollo regular o uniforme que cae sobre los objetos o los determina parejamente. Para los vanguardistas más importantes — Huidobro, Vallejo, Guillén y para casi todos en verdad — desaparece Dios como fundamento de lo existente. No hay trascendencia divina y muy pronto tampoco habrá « trascendencia vacía ».

En el vanguardismo hispanoamericano no predomina la visión « deshumanizada » del mundo y de la poesía que, según la difundida afirmación de Ortega y Gasset, es característica esencial del arte nuevo. El creacionismo de Huidobro pudo, en un comienzo, parecer inhumano porque separaba el mundo irreal de la poesía del mundo real en que vivía el poeta. Pero la angustia, el desamparo se introducen en sus poemas y muy pronto el poeta experimenta las insuficiencias de sus primeras formulaciones teóricas: ya en 1925 declara que el poema ha de ser « humano » y diez años más tarde reitera que « el poeta es el hombre que conoce el drama del tiempo que se juega en el espacio y el drama del espacio que se juega en el tiempo »[4]. También Guillén introduce, con su poesía mestiza, un sector iné-

[4] V. Huidobro, « Manifiesto Tal Vez » (1924) en V.H., *Obras Completas*, Santiago, Zig Zag, 1964, p. 696. I, p. 696. Ed. B. Arenas. Y « Carta » de V.H., en E. Anguita y V. Teitelboim, *Antología de la Poesía Chilena Nueva*, Santiago, Zig Zag, 1935, p. 18.

dito de humanidad. Contradice el sentimentalismo y la visión del mundo de la clase dominante y le opone la sorprendente riqueza perceptiva y sentimental del mundo afrocubano. Neruda critica en 1935 la deshumanización del arte y la poesía pura, recomendando al poeta « en ciertas horas del día o de la noche, observar profundamente los objetos en descanso: las ruedas que han recorrido largas, polvorientas distancias, soportado cargas minerales o vegetales, los sacos de las carbonerías, los barriles, los mangos y asas de los instrumentos del carpintero. De ellos se desprende el contacto del hombre y de la tierra como una lección para el torturado poeta lírico »[5]. Quizás el que más lejos llegó por esos años — sus únicos años — en la búsqueda de un nuevo humanismo haya sido César Vallejo. Había rehusado en *Trilce* (1922) cierta manera de establecer el amor, cierta sentimentalidad alienada, frustrante. Desde entonces, buscó expresar lo que él mismo denominó la « nueva sensibilidad », es decir, la nuevas relaciones que la subjetividad surgida en la sociedad moderna — en su centro o en sus periferias — establecía consigo mismo, con su soledad, desamparo, desesperación y con la realidad social que aparecía hostil, extraña, cosificada. Su comunicación de la solidaridad comienza en *Poemas Humanos* y culmina — según algunos críticos — en sus poemas sobre la Guerra Civil Española.

[5] « Sobre una poesía sin pureza » (1935), cit. de P. NERUDA, *Para nacer he nacido*, Barcelona, Bruguera, 1980, p. 151.

El poeta vanguardista es básicamente disidente, subversivo: rechaza la cultura establecida y el reconocimiento oficial (aunque muchos vanguardistas lo hayan aceptado más tarde). Su destrucción de la concepción sublime del arte y del arte como sublimación de la vida destruyó también las bases de la posición elevada que el modernismo continuaba asignando al poeta. En el vanguardismo, por el contrario, el poeta adopta diversas y a menudo encontradas apariencias: inventa o descubre mundos, es pasivo o semipasivo en su espera de que se abran las esclusas del sueño, del ensueño, la pesadilla o el inconsciente, es activo, tenso, superconsciente en la invención eléctrica del mundo, es alegre, jugador, irónico, melancólico, angustiado, investiga terriblemente serio la condición humana, pero ya su inspiración no viene de lo alto. En este sentido, es casi siempre un poeta decididamente materialista. La función que le asigna a la poesía es amplificar el mundo, iluminar zonas desconocidas de la psique, la naturaleza, la historia, profundizar en la realidad por el camino de la fantasía, estremecer los falsos fundamentos de una sociedad injusta, mantener la esperanza o la desesperanza, representar el mundo posible y lo que realmente puede ser, lo que no puede ser, « transformar el mundo, cambiar la vida » [6].

[6] Sobre el vanguardismo hispanoamericano en general, vid. R. FERNÁNDEZ RETAMAR, « Sobre la vanguardia en la literatura latinoamericana » (1973), en *Para una teoría de la literatura hispanoamericana*, La Habana, Casa de las Américas, 1975, pp. 107-110; J. CORREA CAMIROAGA, « La vanguardia y la literatura latinoamericana »,

El creacionismo: Vicente Huidobro

Vicente Huidobro (1893-1948) es, cronológicamente, el primer poeta vanguardista de la lengua castellana. Ya en un manifiesto de 1914 aclara —en estilo juvenil y dentro de una escenografía aún modernista— que la poesía nueva no debe imitar a la naturaleza, sino « crear realidades propias ». Al final del texto, el poeta le anuncia a la naturaleza (representada por una anciana dama en un salón de la *belle époque*): « Una nueva era comienza. Al abrir sus puertas de jaspe, hinco una rodilla en tierra y te saludo muy respetuosamente »[7]. Los primeros

Acta Litteraria, Budapest, XVIII, 1-2, (1975), pp. 55-70; A. PIZARRO, « Vanguardia literaria y vanguardia política en América Latina », Araucaria, Paris, 13 (1981), pp. 81-96; S. YURKIEVICH, « Avanguardia latinoamericana: rottura della permanenza e permanenza della rottura », en P.L. CROVETTO, *Storia d'una iniquitá*, Génova, 1981, pp. 337-358; N. OSORIO, « Para una caracterización del vanguardismo hispanoamericano », *Revista Iberoamericana*, 114-115, pp. 277-254, documentos y estudios en O. COLLAZOS, *Las Vanguardias en América Latina*, La Habana, Casa de las Américas, 1970. Para una visión de conjunto de los poetas relacionados con el vanguardismo, vid. S. YURKIEVICH, *Fundadores de la Nueva Poesía Latinoamericana*, Barcelona, Barral, 1975 y G. SUCRE, *La máscara, la transparencia*, Caracas, Monte Avila, 1975. Bibliografía hasta 1974 de algunos de los autores aquí estudiados o mencionados en A. FLORES, *Bibliografía de Escritores Hispanoamericanos* (*1609-1974*), New York, Gordian Press, 1974.

[7] V. HUIDOBRO, « Non Serviam » (1914), *op. cit.*, I, p. 653.

poemas de Huidobro están todavía escritos dentro de la retórica modernista y son, en general, bastante mediocres, pero *El Espejo de Agua* (1916) contiene ya cambios decisivos. Su poema inicial es un « Arte Poética » en que se insta a los poetas a inventar « mundos nuevos ». Aquí también se proclama que « el poeta es un pequeño Dios », esto es, un creador de mundo. Pero en los restantes poemas de la *plaquette* siguen apareciendo los cisnes modernistas, bien que para ser ahogados. En realidad, son poemas de tránsito, que realizan parcialmente una nueva idea de la poesía. Apenas un año más tarde, la versión francesa de estos poemas aparece despojada de todo residuo modernista. Publicados en *Nord-Sud* — revista de orientación cubista —representan un primer momento, analítico, del creacionismo. A este mismo momento, pertenecen *Ecuatorial* y *Poemas Articos* que, editados en Madrid en 1918, tuvieron gran influencia en la renovación de la poesía española [8]. Los poemas de estos libros consisten en un montaje de imágenes que no tienen relación ni continuidad aparentes. Las imágenes no se refieren intencionalmente a objetos o situaciones de la realidad. El poema creacionista ha de ser « un poema en el que cada parte constitutiva, y todo el conjunto,

[8] Vid. G. VIDELA, *El Ultraismo*, Madrid, Gredos, 1963, pp. 101 y ss. Tb. G. DIEGO, « Vicente Huidobro » (1948), recog. en R. DE COSTA, *V.H. y el Creacionismo,* Madrid, Taurus, 1975, pp. 9-26. En esos años, Cansinos Assens, Gerardo Diego, Juan Larrea y muchos otros celebraron la llegada de Huidobro como un nuevo Darío.

muestra un hecho nuevo, independiente del mundo externo... El poema creacionista se compone de imágenes creadas, de situaciones creadas, de conceptos creados »[9]. Estas declaraciones son de 1925 y, sin embargo, resultan ya superadas por el desarrollo mismo de la producción poética de Huidobro.

Ya en *Horizon Carré* (1917) el tiempo, es decir, su efecto corrosivo había penetrado inquietantemente en el mundo creado y supuestamente cerrado de los poemas. No sólo el espacio exterior, la cercanía y el infinito amenazan la intimidad y el resguardo del espacio cerrado en « L'homme triste », sino también el tiempo pasado y presente que lo rodea: « sur mon coeur / il y a des voix qui pleurent / ne plus penser a rien / Prends garde aux portes mal fermées »[10].

Muchas veces insistió Huidobro en que las imágenes creadas no eran arbitrarias; al contrario, correspondían a leyes necesarias de la fantasía o la forma. En una conferencia sobre « La Poesía » de 1921 señalaba Huidobro que el uso normal de la lengua es radicalmente diverso del uso poético. El poeta « tiende hilos eléctricos entre las palabras y alumbra de repente rincones desconocidos y todo ese mundo estalla en fantasmas inesperados »[11]. La poesía no

[9] V. Huidobro, « El Creacionismo » (1925) en *op. cit.*, I, 673.

[10] V. Huidobro, « L'homme triste de *Horizon Carré* (1917) en *op. cit.*, I, p. 262.

[11] V. Huidobro, « La poesía » (1921) en *op. cit.*, I, p. 654.

sólo ha de provocar sorpresa en el lector, sino también conocimiento o descubrimiento de dimensiones ocultas de la realidad y lo posible.

En esta operación de descubrimiento, el poeta no es un sujeto pasivo que se entrega a la inspiración o a las manifestaciones del inconsciente; al revés, Huidobro subraya —frente a los surrealistas en 1925— el papel activo del poeta, que elabora sus poemas en un estado de superconciencia y « delirio poético ».

El uso poético de la lengua es anterior al uso corriente. Ello supone la existencia de una historia de la poesía y también la presencia de contenidos históricos en el significado de las palabras. Este reconocimiento, junto a la irresistible irrupción, en sus poemas, de su propio pasado y de los acontecimientos significativos de su tiempo, va a conducir a una crisis del creacionismo. Las desastrosas consecuencias de la Primera Guerra Mundial —no experimentadas, sino contempladas por el poeta hispanoamericano— y la influencia del dadaísmo no hicieron sino precipitar este desarrollo en la producción poética de Huidobro. Un resultado —entre otros— fue su poema largo más importante, *Altazor*, publicado recién en 1931, pero comenzado mucho antes, acaso en 1919 y, según muchos críticos, nunca terminado: « Los verdaderos poemas son incendios. La poesía se propaga por todas partes, iluminando sus consumaciones con estremecimientos de placer o de agonía... un poema es una cosa que será. Un poema es una cosa que nunca es, pero que debiera ser. Un poema es una cosa que nunca ha sido, que nunca podrá ser »[12].

Altazor es un largo poema en que el poeta se interpela a sí mismo y se identifica con Altazor, « animal metafísico, cargado de congojas », poeta, antipoeta y mago. Angel rebelde o Icaro moderno y sin alas, cae en el espacio suspendido de un paracaídas. Altazor cae en el espacio cósmico, pero también en la historia y en el interior sin fondo de sí mismo. Atraviesa espacios y edades históricas, cae en su conciencia, en su razón, en su fantasía, en su inconsciente; cae en todos los abismos y busca fundamento y sentido para su vida. Pero Dios ha muerto — es decir, ha sido histórico — y toda una metafísica y una moral se han hecho pedazos[13]. La religión no otorga sustento a la vida: no hay trascendencia. El amor tampoco concede apoyo y comunión duradera. La poesía no entrega conocimiento ni alivio a la soledad y angustia. El poema comienza varias veces y — en sentido tradicional —no concluye nunca. No tiene un desarrollo lineal, sino varios desarrollos paralelos. Pero el canto final supone los anteriores. En los comienzos, la palabra expresa la angustia existencial de Altazor, que es todos los hombres. A pesar de que celebra en la Revolución Rusa

[12] V. HUIDOBRO, « Prefacio » de *Altazor* (1931), Madrid, Visor, 1913, p. 11.

[13] Sobre el correlato religioso (lenguaje, imágenes, etc.) vid. H. MONTES, « Altazor a la luz de lo religioso », *Revista Chilena de Literatura*, 18 (1981). A partir de este material, Montes realiza una interpretación cristiana del poema.

« la única esperanza », tampoco encuentra Altazor salvación, como individuo, en la solidaridad con los demás hombres. Gradualmente, el poema comienza a cantar el júbilo que siente Altazor ante su desintegración, es decir, ante su liberación de su condición de individuo. Altazor va del ser a la nada. El poema representa su existencia y canta la previsión de la nada: la nada que llegará a ser el individuo y el propio sistema planetario en que vive.

Desde *Altazor*, la poesía de Huidobro expresa una intensa preocupación por el destino del hombre como destino individual y como parte de una comunidad histórica. También sus manifiestos de esos años, 1931, 1935, proponen un nuevo humanismo, de contenido materialista. Huidobro ha influido notablemente en la poesía de lengua castellana, pero de manera intermitente, dispersa y poco visible. Su sentido del espacio y del juego, por ejemplo, han sido contribución decisiva para el desarrollo de la poesía en Hispanoamérica [14].

El ultraismo argentino y Jorge Luis Borges

Gloria Videla observa —con una metáfora de carnaval más que de guerra— que la llegada de

[14] Sobre Huidobro, vid. R. DE COSTA (ed.), *V.H. y el creacionismo*, Madrid, Taurus, 1975; C. GOIĆ, *La poesía de V.H.*, Santiago, Eds. Anales de la Universidad de Chile, 1956 (reed. 1974); J. CONCHA, « Altazor de Vicente Huidobro », *Anales de la Universidad de Chile*, 133 (1965), pp. 113-136; A. PIZARRO, *V.H. un*

Huidobro en 1918 fue el « chispazo » que desató la pirotecnia del vanguardismo en España [15]. Habría surgido, así, el ultraísmo, que no fue un movimiento consistente ni duradero, pero que con su promoción de la imagen desconcertante, el montaje y el verso libre iba a servir de estímulo, siquiera retórico, al desarrollo de la poesía nueva en España y — lo que aquí nos interesa — también en Argentina. Hasta allá lo iba a llevar, en efecto, uno de sus promotores, Jorge Luis Borges, que en 1921 reformuló los principios del movimiento en *Nosotros* (una revista que pertenecía al enemigo, a la cultura institucionalizada): « 1) reducción de la lírica a su elemento primordial: la metáfora; 2) tachadura de las frases medianeras, los nexos y los adjetivos inútiles; 3) abolición de los trebejos ornamentales, el confesionalismo... la prédicas y la nebulosidad rebuscada; 4) síntesis de dos o más imágenes en una, que ensancha de ese modo su facultad de sugerencia. Los poemas ultraicos constan, pues, de una serie de metáforas, cada una de las cuales tiene sugestividad propia y compendiza una visión inédita de algún fragmento de la vida » [16].

poeta ambivalente, Concepción, Chile. Ed. Universidad, 1971; R. De Costa (ed.), « Vicente Huidobro y la vanguardia », *Revista Iberoamericana*, 106-107 (1979).

[15] G. Videla, *El ultraismo*, Madrid, Gredos, 1963; vid. tb. G. Diego, « Vicente Huidobro » (1948), en R. De Costa, *V.H. y el creacionismo*, Madrid, Taurus, 1975 p.

[16] J.L. Borges, « Ultraismo », *Nosotros*, XII (1921), p. 466 (repr. en Collazos), *op. cit.*, p. 195. Las revistas principales del ultraismo y la vanguardia eran *Prisma*

También los ultraístas argentinos reaccionaron — como era de esperar — contra la prolongación epigonal del modernismo y, en general, contra la cultura establecida, sus costumbres y gustos literarios. Su valoración del poeta consagrado más importante de ese entonces, Leopoldo Lugones (1874-1938) fue, sin embargo, ambigua y osciló entre la burla irrevente y el respeto. Es sintomático que los ultraistas no hayan podido liberarse de su presencia conflictiva. Lugones había elaborado metáforas atrevidas (en *Lunario Sentimental* de 1909, aunque más audaces las había hecho Herrera y Reissig), pero su verso seguía dependiendo de la rima y afirmándose en la profusión adjetiva, su concepción de la poesía y del poeta continuaba siendo sublime, elevada. El manifiesto — publicado en 1924 en la revista *Martín Fierro* — insistió en las diferencias: con la aparición del ultraísmo « nos hallamos en presencia de una NUEVA sensibilidad y de una nueva COMPRENSION » [17].

La agitación ultraísta no dio como resultado obras susceptibles de un fervoroso recuerdo. Su propósito literario fue en apariencia sólo destructivo — « no paró hasta la desintegración del poema » observa Borges — y, en última instancia, pedagógico. Su breve existencia — desde 1921 a 1927 — está circunscrita a un momento de la actividad de escritores como Eduardo González Lanuza — que más

(1921-1922), *Proa* (1922-1926), *Inicial* (1923-1926), *Martín Fierro* (1924-1927).

[17] « Manifiesto de Martín Fierro », *Martín Fierro*, I, 4 (1924), rec. en Collazos, *op. cit.*, p. 203.

tarde volvió al metro y a la rima—, Francisco Luis Bernárdez —que hizo lo mismo y se convirtió en un católico militante—, Leopoldo Marechal, Borges, Oliverio Girondo. La mayor parte de los textos ultraístas son demasiado explícitos y sus metáforas adolecen de una ingeniosidad previsible. De sus orígenes en España arrastró una apertura —« en nuestro credo cabrán todas las tendencias sin distinción, con tal que expresen un anhelo nuevo » decía el manifiesto de 1918— que le hacía perder no sólo consistencia doctrinal (¿cómo exigirlo del dadaísmo?), sino también eficacia práctica: su crítica no iba más allá de la literatura, no afectaba a las bases de la sociedad establecida. Su *novedad* se agotaba en la literatura y su *cosmopolitismo* no excluía la exaltación nacionalista, era más bien el punto de vista con que trataba temas nacionales y, por cierto, otros temas [18]. Convirtieron el escándalo en juego estético con que procuraban desublimar la literatura y también la mirada sobre las instituciones sociales. Su propósito central era la reforma de las instituciones literarias, la introducción de nuevos principios estéticos y la creación de un público que asumiera este nuevo gusto literario.

Estas modificaciones en materia de estética y concepción de la literatura y sus funciones condujeron

[18] Sobre este y otros problemas del vanguardismo en Argentina, vid. el trabajo esencial de B. SARLO, « Vanguardia y criollismo: la aventura de *Martín Fierro* » (1982), repr. en C. ALTAMIRANO y B. SARLO, *Ensayos Argentinos*, Buenos Aires, Centro Editor de América Latina, 1983, pp. 129-171.

no sólo a una condena radical de la tradición literaria institucionalizada y su galería de figuras consagradas, sino también al descubrimiento de escritores marginalizados —ignorados por un público sometido a una poética anacrónica— y que se convirtieron en antecedentes o precursores de la nueva literatura. Entre ellos, hay que nombrar a Ricardo Güiraldes —que colaboró en *Prisma*—, a Evaristo Carriego, celebrado como fundador del criollismo urbano, a Baldomero Fernández Moreno y, sobre todo, a Macedonio Fernández [19].

Macedonio Fernández (1874-1952) era un escritor bastante más viejo, un gran viejo que se movía en las fronteras del vanguardismo y con inquietante frecuencia solía cruzarlas. Sus obras registran una reiterada ruptura de los límites que la tradición asigna a los géneros literarios. Sus poemas desatienden la regularidad métrica y estrófica y a veces —como observa César Fernández Moreno— caen en la rima como por descuido. Tuvo influencia no tanto por sus escritos —difíciles de hallar, desiguales, publicados por hijos y amigos— cuanto por su personalidad y la comunicación oral de sus preocupaciones. Una de ellas fue la de los límites de la realidad y

[19] B. Fernández Moreno (1886-1950) es un poeta que orientó su mirada a las cercanías, a los sucesos de la vida diaria, a la aldea, la ciudad, que utilizó el discurso cotidiano en sus versos, etc., pero su poesía anhela aún una trascendencia que el vanguardismo — programáticamente o, lo que es más importante, como presencia en la vida inmediata — había perdido ya de vista o rechazado en tanto meta o fundamento universal.

la experiencia. Se preguntaba —cayendo en un espejismo que había elucidado Kant y que recogieron, entre otros, Huidobro y Breton— si era necesario suponer que « toda imagen sea posterior a una percepción o a una sensación... que la invención absoluta no sea perfectamente posible »[20]. Uno de sus mejores poemas —a mi juicio, demasiado conceptuales—, « Helena Bellamuerte » fue descubierto, años después de escrito, en una olvidada caja de bizcochos. Era la tercera versión de un texto que trataba de la muerte de su mujer y la necesaria « aceptación dolorosa de la contingencia ».

Oliverio Girondo (1891-1967) no abandonó cierta disposición vanguardista a lo largo de su vida y su obra. C.R. Giordano observa que sus fuentes vanguardistas no pueden reducirse a su vinculación con el ultraísmo criollo; las hace remontar a Paul Morand y Blais Cendrars; también al futurismo y al cubismo[21]. Ya desde su primer libro emprendió su

[20] Cit. en C. FERNÁNDEZ MORENO, « La poesía argentina de vanguardia », en *Historia de la literatura argentina,* dir. por R.A. Arrieta, Buenos Aires, Peuser, 1959, pp. 620-621. Sobre el vanguardismo, del mismo autor: « El ultraismo », en *La realidad y los papeles,* Madrid, Aguilar, 1967, pp. 143-156.

[21] C.R. GIORDANO, « Vanguardia y cosmopolitismo en Oliviero Girondo », *Letteratura d'America,* Roma, III, 11 (1982), pp. 81-104. Sobre Girondo, vid. a.d. E. MOLINA, « hacia el fuego central o la poesía de O.G. », en *Obras Completas de O. Girondo,* Buenos Aires, Losada, 1968, prólogo; A. SOLA GONZÁLEZ, « O.G. iniciador de la vanguardia poètica argentina », *Cuadernos Hispanoamericanos,* 163-164 (1963), pp. 83-101; F. MASIELLO,

empresa de desublimación de la poesía y el mundo: « Ningún prejuicio más ridículo que el prejuicio de lo SUBLIME » declara en el epígrafe a sus *Veinte poemas para ser leídos en el tranvía* (1922). La desvalorización de la literatura toca fondo, el poeta no vale nada, es igual a todos, pero Girondo aún se expresa en poesía. Apuntes de viaje son la materia de los textos de éste y su segundo libro: *Calcomanías* (1925). Las experiencias de sus desplazamientos por el viejo y el nuevo mundo (y otros más) le proporcionan las bases desde las que surge su *perspectiva cosmopolita.* Girondo agrede lúdicamente a la sociedad establecida y la desmitifica. En Sevilla, divertidas imágenes aluden a la represión institucionalizada: « cada trescientos doce curas / o doscientos noventa y dos soldados / pasa una mujer ». El poeta es irreverentemente materialista, se burla de la religión, es obsceno, se mueve eufórico en el espacio de la aventura, pero a menudo desemboca en la soledad y en la sensación de que el mundo y su propia casa le son ajenos. La vida (la cotidiana y las otras) le parece absurda, su sentido impenetrable, el prójimo se le escapa. Pero los sigue deseando y no pierde la esperanza de que la vida alguna vez cambie, « se arranque y despedace los chalecos de fuerza de todos los sistemas ». Las imágenes de sus poemas — ingeniosas, simpáticas, a veces arbitrarias y previsibles, a veces profundas — suscitan opiniones encontradas.

« O.G. El carnaval del lenguaje », *Hispamérica*, 16 (1977), pp. 3-18.

La figura más significativa del vanguardismo argentino fue finalmente el propio Jorge Luis Borges (1899). En apariencia, su primer libro, *Fervor de Buenos Aires* (1923), no tiene mucho que ver con el movimiento ultraísta y así lo entendió inevitablemente un crítico tan sensible como Guillermo de Torre. El vocabulario de los poemas es cotidiano, incluso familiar, voluntariamente reducido. No hay en sus versos « trebejos ornamentales » de ninguna especie ni (casi) « adjetivos inútiles ». Verdad que este vocabulario, en parte, lo había introducido ya Baldomero Fernández Moreno [22]. Cada cierto tiempo, aparecen distendidas (y a veces, por desgracia, previsibles) y sentidas metáforas ultraístas. Aunque los poemas de Borges no exaltan la belleza de la velocidad ni las conquistas de la técnica. Tampoco la acelerada transformación de Buenos Aires en una metropoli moderna, mecanizada y tumultuosa. Por el contrario —contra toda espectativa y costumbre reciente— retornan a las casas bajas, a las quintas y verjas, a los balcones y largas calles que se pierden en el horizonte, es decir, a aquella ciudad de su orígen y su infancia, que estaba desapareciendo y que « en un acto que con todo rigor etimológico podemos calificar de revolucionario » (son palabras de Borges) había sido retenida, en un momento anterior, en la poesía de Fernández Moreno [23]. Pero la búsqueda y encuentro de una correspondencia entre

[22] Desde *Las iniciales del misal*, 1915, recog. en *Obra Poética*, Buenos Aires, Huemul, 1969.

[23] J.L. Borges, « Veinticinco años después de *Las iniciales del misal* », en El Hogar (14.06.1940).

el alma y el paisaje, la aldea, la ciudad, los caminos, no era ya históricamente posible en los años en que, nostálgicamente, intentaba recuperarla Borges. Las imágenes de una ciudad deshabitada eran una exterioridad sólo aparentemente inmediata: « El patio es el declive / por el cual se derrama el cielo en la casa ». Hay casi una articulación (onto)lógica entre el cielo, la calle de enfrente, el patio, la interioridad. Tiene razón González Lanuza cuando afirma que en estos poemas está « lo infinito apoyandose, brotando de lo finito » [24]. Pero en la aparente continuidad ha surgido una ruptura. La intimidad entre individuo, historia, tierra, cosmos, se siente o presiente, pero ya no se realiza. Bajo la ilusoria eternidad de las imágenes late el paso real del tiempo: « Los jóvenes a su pesar lo sienten. Aquí / en el Nuevo Mundo / somos del mismo tiempo que el tiempo » [25]. Las ausencias que el poeta intenta retener, le rodean « como la cuerda a la garganta ».

Nadie ignora que Borges ha renegado con frecuencia de su pasado (equivocación) ultraísta. Pero a ese fantasma se retrotraen los comienzos de la *impersonalidad* que caracteriza a la figura del poeta en sus poemas posteriores, su escrupuloso apartamiento de toda privacidad superflua, accidental. La ampliación de la realidad y los ámbitos de experiencia que promovió el vanguardismo, la sustitución y destruc-

[24] E. GONZÁLEZ LANUZA, « Cinco poetas argentinos », *Sur*, 98 (1942), p. 56.

[25] J.L. BORGES, *Evaristo Carriego*, Buenos Aires, Gleizer, 1930, n. p. 27-28.

ción de las relaciones aparentemente normales del espacio y del tiempo, la proposición de mundos posibles y conjeturales, la introducción del juego en la literatura, el emplazamiento de un lector activo no están notoriamente presentes — a veces ni siquiera están — en los primeros libros de poesía de Borges, con la excepción de su « inquietud metafísica ». Pero todas estas sugerencias sí están integradas en la elaboración del estilo y en el mundo que despliega su prosa posterior, es decir, sus ficciones y sus ensayos que son ficciones, esto es, obras de arte. Sueños, retruécanos, espejos, conjeturas, laberintos, emblemas, oponen la atrocidad de su orden ilusorio a la no menor atrocidad y falta de sentido y fundamento que ve Borges en la vida real: « Negar la sucesión temporal, negar el yo... son desesperaciones aparentes y consuelos secretos » [26]. La lúcida — o lúdica — aceptación de esta condición humana, su resignación casi feliz no está excesivamente alejada de *Altazor,* otro texto surgido de la imperfección vanguardista. Los poemas tardíos de Borges — cuando el poeta deviene ciego — vuelven a los metros, la rima y las figuras tradicionales. Son recursos que incorporan el peso de la historia, pero que también retienen y comunican la vida en cierta ilusión de orden. Algunos de estos poemas son conmovedores, pero Borges mismo conoce sus límites: « Se que los dioses no me conceden más que la alusión y la mención » [27].

[26] J.L. BORGES, *Otras Inquisiciones,* Buenos Aires, Emecé, 1960, p. 240.

[27] J.L. BORGES, declaración citada en J. OLIVIO JI-

El vanguardismo en México: continuidad y ruptura

En una nota del 1924 sobre « La influencia de la revolución en la vida intelectual de México » señalaba Pedro Henríquez Ureña que, mientras ésta había motivado caminos decisivos en la pintura y en la arquitectura, en la educación y en el pensamiento sociológico, en la poesía, en cambio, sus efectos habían sido « mucho menores »[28].

Las primeras manifestaciones del vanguardismo literario son, sin embargo, relativamente tempranas y corren a cargo de un grupo de escritores que se denominó « estridentistas »: Manuel Maples Arce (1900-1981), Germán List Azurbide, Luis Quintanilla, Arqueles Vela. El movimiento (« la apariencia de una vanguardia » advierte un crítico) tuvo corta vida: desde 1921 — en que aparece en las murallas el primer « comprimido estridentista » — hasta 1927, en que se publican los *Poemas Interdictos* de Maples Arce y cae el gobernador de Veracruz que les había puesto a disposición los medios culturales del estado. Un año antes, List Azurbide había publicato premonitoriamente una crónica del grupo: *El movimiento estridentista.*

MÉNEZ, *Antología de la Poesía Hispanoamericana*, Madrid, Alianza, 1971, p. 195. Sobre Borges, J. Alazraki (ed.), *JLB*, Madrid, Taurus, 1976; A.M. BARRENECHEA, *La expresión de la irrealidad en la obra de J.L.B.*, México, 1957; R. GUTIÉRREZ/GIRADOT, *J.L.B. Ensayo de Interpretación*, Madrid, Insula, 1959, G. SUCRE, *Borges, el poeta*, Caracas, Monte Avila, 1974; J. ALAZRAKI, *La Prosa narrativa de J.L.B.*, Madrid, Gredos, 1968.

[28] P. HENRÍQUEZ UREÑA, *La Utopía de América*, Caracas, Biblioteca Ayacucho, 1978, p. 373.

La ruptura inmediata con la retórica postmodernista es una de las primeras exigencias del grupo. Crear y no copiar es otro de sus postulados. El principal animador del estridentismo es, sin duda, Maples Arce. Sus *Andamios interiores. Poemas radiográficos* aparecieron en 1922. Ya el título es indicio de la voluntad estridentista de concebir hasta la interioridad del poeta — y de los demás — como una construcción, una estructura susceptible de descripción técnica. Dos años más tarde, Maples Arce publicó *Urbe. Super-poema bolchevique en 5 cantos.*

El escenario de las experiencias registradas por los estridentistas es la gran ciudad moderna. El punto de vista que promueven es *cosmopolita.* Influidos fuertemente por el futurismo, exaltan el mundo de la técnica y ven en ella un medio de cambiar la vida. Cantan a las máquinas — en un país fundamentalmente agrario — y a los obreros y sus reivindicaciones. Los estridentistas comprendieron sus actividades y su producción como expresión literaria — la que faltaba — de la revolución. Nadie parece compartir este juicio ni nadie reconoce que del estridentismo hayan surgido creaciones importantes, pero — según la autorizada opinión de Luis Leal — su contribución literaria consistió « en haber introducido... en México las nuevas tendencias vanguardistas y en haber roto el cordón umbilical que ataba a la poesía mexicana a formas novecentistas gastadas » [29].

[29] L. Leal, « El movimiento estridentista » (1965), en Collazos, *op. cit.*, p. 166. Vid. ahora L.M. Schneider,

La obra de Carlos Pellicer (1899-1977) no da, sin embargo, la impresión de ser resultado de una ruptura, sino más bien de un fluido tránsito desde la poesía anterior —incluída la postmodernista— hacia otras formas o, mejor dicho, hacia un tratamiento renovado e ingenioso de temas tradicionales. *Colores en el mar y otros poemas* (1921) exhibe una novedosa disposición al juego —recordemos, no obstante, las inquietudes formales de Tablada—, pero también una mirada impresionista. La poesía de Pellicer está volcada a la celebración del mundo sensible. Sus imágenes del trópico nos comunican el profuso esplendor de una naturaleza substancialmente armónica, ordenada, porque en esencia sería manifestación de la divinidad, donación. El poeta se siente, por ello, en intensa comunión con el mundo y, a través de él, parte gozosa de la creación. Para Andrew P. Debicki, la originalidad de la obra de Pellicer —que retoma incluso técnicas metafóricas tradicionales— reside en el cambio de perspectiva y en el tono y actitud que adopta el poeta ante los diversos temas y, además, en la yuxtaposición de imágenes a que suele someterlos [30].

El estridentismo o la literatura de la estrategia, México, Instituto Nacional de Bellas Artes, 1970.

[30] A.P. DEBICKI, «La originalidad de Carlos Pellicer: perspectiva y significado en su poesía, en *Poetas Hispanoamericanos Contemporáneos,* Madrid, Gredos, 1976, p. 76-96. Sobre Pellicer, vid. tb. O. PAZ, *Las Peras del Olmo*, México, Imprenta Universitaria, 1957, p. 95-104; F. DAUSTER, *Ensayos sobre Poesía Mexicana: asedio a los «Contemporáneos»*, Méxicos, De Andrea, 1963, pp. 45-57; L. RIUS, «El material poético de C.

Más notoria es la presencia de la experimentación vanguardista en la poesía de Salvador Novo (1904-1974), figura clave en la renovación del teatro mexicano. *XX poemas* (1925) está salpicado de metáforas juguetonas y trasmite una visión humorística de la vida. Pero su poesía termina por expresar cierto desengaño y se hace sarcástica (por ejemplo, ante la traición de los principios de la revolución mexicana por sus continuadores). *Nuevo Amor* (1933) nos despliega, minuciosa y aterradoramente, en ondas sucesivas, una experiencia de la vida como una continua pérdida que nos va dejando en la más absoluta y puntual desolación. En el abrazo mismo, en la comunión amorosa más intensa, está activa ya la ausencia. Los ojos de la amada, que ya no existe, eran los « faros que prolongaron mi naufragio ». Su escritura poética recoge su vida —que se deshacía en las manos de ella— como un « leve jirón de niebla / que el viento entre sus alas efímeras dispersa »[31].

Tanto Pellicer como Novo pertenecieron al grupo de poetas —junto a Gorostiza, Villaurrutia, Owen y otros— que publicaron en la revista *Contemporáneos* (1928-1931), de decisiva importancia en la renovación de la poesía mexicana de esos años. Todos ellos eran personalidades poéticas que se desarrollaron

P. », *Cuadernos Americanos*, XXI, 5 (1962), pp. 239-270; L. Monguió, « Poetas postmodernistas mexicanos », *Revista Hispánica Moderna*, XII (1946), pp. 254-255.

[31] La obra poética de Novo está recogida en parte en *Poesía*, México, Fondo de Cultura Económica, 1961. F. Dauster, *op. cit.*, pp. 74-94, la estudia.

de manera diferenciada. Pero tenían en común una disciplinada concepción del trabajo literario y una relación crítica, selectiva con el pasado y el presente de la literatura. Con la excepción de Pellicer, hay en ellos también cierta afinidad en su preocupación por la muerte, la incomunicación y la soledad del ser humano [32].

La obra de José Gorostiza (1901-1973) es breve. Se reduce a *Canciones para cantar en las barcas* (1925) y *Muerte sin fin* (1939). A ella hay que agregar algunos poemas que tendrían que haber formado parte de un conjunto que no se editó, probablemente porque no llegó a constituír la unidad arquitectónica que Gorostiza preconizaba para el libro: « La suma de treinta momentos musicales no hará nunca el total de una sinfonía » [33].

Sus primeros poemas están claramente inscritos en cierta tradición poética de lengua española — del « Romance del infante Arnaldos », Gutierre de Cetina, los romances y poemas mayores de Góngora,

[32] Sobre los poetas de Contemporáneos, vid. F. Dauster, *op. cit.*; M.H. Forster, *Los Contemporáneos: 1928-1932*, México, 1964. También las numerosas referencias de O. Paz, entre ellas, en *Poesía en Movimiento*, México, Siglo XXI, 1966.

[33] J. Gorostiza, « Notas sobre poesía », en *Poesía* (recopilación de toda su obra poética, incluido *Del poema frustrado*), México, Fondo de Cultura Económica, 1964, p. 20. Sobre J. Gorostiza, vid. F. Dauster, *op. cit.*, pp. 30-44; A.P. Debicki, *La Poesía de J.G.*, México, De Andrea, 1962; M.S. Rubin, *Una poética moderna, « Muerte sin fin de J.G. »*, México, UNAM, 1966; R. Leiva, « La Poesía de J.G. », *Cuadernos Americanos*, XXVIII, 2 (1969).

Sor Juana Inés de la Cruz — y en la modalidad de poesía pura practicada y promovida por Juan Ramón Jiménez. Sus imágenes —frágilmente estáticas— procuran aprehender cierta eternidad del instante. La distancia en que está instalado el poeta no proviene sólo de su actitud contemplativa, sino que surge de la inconmensurabilidad que siente entre él y la totalidad cósmica inabarcable. Sólo frente a la inmensidad, su melancolía y tristeza trasluce también su sentimiento de soledad respecto al prójimo. La relación del hombre con la realidad, de la conciencia con la exterioridad a que tiende, de la expresión con lo expresado, de la materia con la forma, del tiempo con la eternidad, de la vida con la muerte, será el tema que desarrollará ardua, laboriosamente en *Muerte sin fin.* La imágen nuclear del poema es la de un vaso de agua, en la que la configuración transitoria del agua y del vaso mismo —que pierde finalmente la forma— desata una serie ordenada de variaciones. El poema —de unidad forzada por la inteligencia poética, « por la belleza artificial, poética, que la poesía presta transitoriamente, para sus propios fines, a la rosa y a la nube »[33 bis] — concluye con la aceptación de la muerte que alcanza a

[33 bis] J. Gorostiza, *art. cit.*, p. 21.

[34] Las obras poéticas de X. Villaurrutia están recog. en *Obras*, México, Fondo de Cultura Económica, 1953, con prólogo de Alí Chumacero. Sobre él, F. Dauster, *op cit.*, pp. 17-29; Tb. F. Dauster, *Xavier Villaurrutia*, New York, Twayne Publishers, 1971; C. Rodríguez Chicharro, « Disemia y la paranomasia en la poesía de X.V. », en *La Palabra y el Hombre*, 30 (1964), pp. 249-260; y « Correlación y paralelismo en la poesía de X.V. »,

toda la materia y las formas, incluído, conjeturalmente, Dios. Algunos críticos afirman que *Muerte sin fin* es uno de los pocos poemas largos de la poesía hispanoamericana, junto a « Primero Sueño », a *Altazor* de Huidobro, *Piedra de Sol* de Octavio Paz y — agrego yo — « Alturas de Macchu Picchu » de Neruda.

Xavier Villaurrutia (1903-1950) es uno de los grandes poetas mexicanos de este siglo. En *Reflejos* (1926) el punto de vista distante, de registro contemplativo — que aproxima estos poemas a algunos de Gorostiza, en que también se utiliza el paralelismo, y quizás a algunos de Pellicer de esos años — no alcanza a retener la irrupción de un melancólico reconocimiento de la temporalidad en el mundo exterior y en el poeta. La crítica es unánime en el reconocimiento de *Nostalgia de la Muerte* (1938, aumentado en 1946) como el libro más importante de Villaurrutia. Desemboca allí en una visión angustiada de la vida como un transcurso, una agitación substancialmente promovida por la muerte: de ella huye el hombre, pero en su fuga — como en la fuga de las cosas — la conlleva y se dirige a ella, se desintegra en ella inexorablemente. Apenas el poeta se deja llevar por su inquietud metafísica, apenas se dirige a las cosas de su entorno para palparlas o inquirir su sentido, su volúmen, su consistencia, las aparentes proporciones pierden su equilibrio, se de-

La Palabra y el Hombre, 37 (1966), pp. 81-90; M.H. FORSTER, *Fire and Ice. Poetry of X.V.*, Chapell Hill, North Carolina Studies in Romance Lang. a. Lit, 1976.

rraman, se desdibujan, se abren las compuertas de la psique, se desplazan los límites entre la interioridad y la exterioridad, se liberan o desintegran las formas de sus cuerpos y los cuerpos de sus formas, adoptando fugazmente otras en un movimiento infinito. En una pesadilla —o acaso en la vigilia como una pesadilla— el poeta sueña y ve « la calle, la escalera / y el grito de la estatua desdoblando la esquina » y corre hacia la estatua y encuentra sólo un grito y quiere asir el grito y se hace sólo un eco. Las imágenes del « Nocturno de la estatua » se encadenan hasta hacer coincidir un muro con un espejo en que la estatua (la mujer, el otro, él mismo) le dice al poeta: « estoy muerta de miedo », una frase hecha que algunos críticos leen como « estoy muerta de sueño » (probablemente otra versión del poema), es decir, como otra *frase hecha* que nos retorna al comienzo del poema y del sentimiento de horror que despierta.

La disemia, la paronomasia, las frases hechas, encadenamientos, asociaciones, paralelismos, transfiguraciones de la escritura de este poeta dan indicio de su inmersión en las profundidades del auténtico vanguardismo o de su impregnación con experiencias análogas. *Canto a la primavera y otros poemas* (1948), y en particular « Nuestro amor », representan una experiencia del amor que —al margen del afán, o necesidad, de posesión que obsesiona al sujeto en otros poemas— afirma en la temporalidad y en su relación irresuelta con la (in)comunicación, es decir, la soledad, las condiciones de su plenitud real: « si nuestro amor no fuera / como un hilo tendido / en que vamos los dos / sin red sobre el vacío... / si tu mirada fuera / siempre la que un instante / —¡pero un instante eterno!— / es tu más honda entrega; / si tus besos no fueran / sino para mis labios / trémulos y sumisos / ... ¡no fuera amor el nuestro, no fuera nuestro amor! »[34].

Otro colaborador de *Contemporáneos*, Gilberto Owen (1905-1952) es autor de textos cercanos al surrealismo, cuyo flujo, un tanto controlado, intentaba retener el flujo imparable de las cosas y la vida. Alcanzó a publicar, entre otras obras, *Línea* (1930) y *Perseo vencido* (1948)[34 bis].

El vanguardismo en el Perú y César Vallejo

José Carlos Mariátegui —que murió prematuramente, antes de conocer los más grandes poemas de Vallejo— afirmó en 1928 que la obra de éste representaba el comienzo de una nueva etapa en la poesía peruana[35]. *Los Heraldos Negros* (1918) es el primer libro de Vallejo (1892-1938). Sus poemas están escritos aún dentro del sistema significante que elaboró el modernismo, pero la mayoría de ellos —con su extrema y extraña tensión estilística— denuncia más bien una utilización heterodoxa de su capacidad expresiva, incongruente con sus aplicacio-

[34 bis] Sobre G. Owen, F. DAUSTER, *op. cit.*, pp. 108-119.

[35] J.C. MARIÁTEGUI, *Siete ensayos de interpretación de la realidad peruana* (ed. or. 1928), Lima, Amauta, 1965, pp. 268-275.

nes anteriores. En estos poemas, el poeta da testimonio de su hondo sentimiento de pertenencia a la tierra y a su comunidad sufriente y expoliada. El poeta se siente culpable de la miseria de los otros, de no compartir sus escasos bienes con ellos y se duele de su impotencia para instaurar una sociedad más justa. Los poemas utilizan con frecuencia el vocabulario cristiano para la comunicación de mensajes que, gradualmente, dejan de ser cristianos [36]. El hombre sería un buen creyente si hubiera un buen Dios. Pero Dios tiene defectos y ha enfermado gravemente. La búsqueda de Dios terminará con su negación. Gran parte de los poemas de este libro dan cuenta de un grave conflicto expresivo: ni los sentimientos, ni las indagaciones, ni las ideas de Vallejo pueden elaborarse y comunicarse poéticamente con el código modernista.

Producto de su búsqueda expresiva son los desconcertantes poemas de *Trilce* (1922). En ellos, la lengua castellana es sometida a experimentos de desarticulación y recomposición tan radicales y audaces que el estilo se hace difícilmente comunicativo, es decir, adquiere una apariencia hermética. El verso libre, de ritmo cambiante, sostiene una sintaxis irregular que establece conexiones sorprendentes, antitesis, paradojas, onomatopeyas terato y escatológicas,

[36] Sobre este problema en Vallejo, vid. el notable trabajo de N. SALOMON, « Algunos aspectos de lo humano en *Poemas Humanos* » (1967), recog. en A. FLORES, *Aproximaciones a César Vallejo*, New York, Las Américas, 1971, II, pp. 191-230.

enumeraciones caóticas, ausencia de puntuación, neologismos, arcaísmos, etc. Los poemas de *Trilce* expresan una existencia sin fundamento (Dios ya ha muerto) y sin sentido. La evocación del pasado retiene la figura de la madre muerta, que entrega resguardo, amparo. Ahora el poeta está sólo, como los demás, expuesto, incomunicado en una sociedad hostil y alienada. Los poemas comunican —incluso en su retorcimiento expresivo— una sensación de extrañeza que se extiende al propio cuerpo.

Los propósitos de esta escritura no se agotan en el establecimiento de una comunicación poética (de la que Vallejo apenas podía sentirse seguro) y paradójicamente la exceden. A partir de las sensaciones y experiencias que representa, refiere o expresa, crea ella simultáneamente las posibilidades de elaboración de nuevas descripciones conceptuales de la realidad, precisamente aquellas que corresponden a las transformaciones que la modernidad traía a la sociedad en que vivía el poeta. El fracaso o avance parcial de este propósito se compensa con la función terapeútica que, entonces, adquiere la poesía (como en la poesía de Neruda anterior a 1936 y posterior a 1964).

Pese a su hermetismo (o quizás gracias a él), los poemas alcanzan a trasmitir la imágen de un ser sufriente que, acosado por la muerte y la soledad, se sume en la más radical falta de esperanza en tanto advierte a los otros que, creyéndose en medio de la vida, en realidad serían « los cadáveres de una vida que nunca fue » (poema LXXV). El mismo no se autosalva piadosamente: « no será lo que aún no haya venido, sino / lo que ha llegado y ya se ha ido » (poema XXXIII). Pero « ¿no subimos acaso para abajo? » pregunta en el último poema de *Trilce* indicando el único camino posible, el de la tierra, en que aún y apenas se retiene el anhelo de morir, por lo menos, « de vida y no de tiempo » [37].

Es claro que para Vallejo —como lo enuncia en *Amauta* entre 1926 y 1927— la poesía no es nueva porque sus imágenes o su técnica sean novedosas o porque incorpore al espacio poético los productos de la técnica o la ciencia (según proponía el primer Huidobro o el impostado Marinetti). La poesía es nueva en la medida que logre expresar la « nueva sensibilidad » —y en la medida en que la re-produzca—, es decir, la subjetividad privada y social de su tiempo y las relaciones de esta subjetividad con la realidad exterior. Pues la poesía —como lo advertía modestamente Mallarmé— se hace con palabras y no con ideas que se traducen en palabras.

En este sentido, para Vallejo —que luchaba arduamente para expresarse— la palabra es parte esencial del « mensaje », no porque éste consista en comunicarnos estructuras lingüísticas, sino porque el texto es *icónicamente* significativo, apelativo, expresivo, denotativo, sugiere asociaciones, etc.

Impresionante testimonio de su trabajo idiomá-

[37] « Epístola a los transeúntes » de *Poemas Humanos*, cit. de *Obra Poética Completa*, Madrid, Alianza, 1982, p. 207. Ed. de A. Ferrari, con importante prólogo.

tico son sus *Poemas Humanos*, publicados en 1939, un año después de su temprana muerte. En ellos, la vida se presenta ya como un sufrimiento sin causa teológica. La vida es temporal y tiene su límite en la muerte, pero el sufrimiento básico proviene de la alienación social, de la cosificación, de la explotación que la han degradado hasta ser una sucesión de muertes diarias (una experiencia recogida también en *Residencia en la Tierra* de Neruda). Pero el poeta no se resigna a esta situación. El es los otros, está sometido a la misma condición y de la más extrema desesperanza hace surgir la esperanza: « desgraciadamente, hay, hermanos hombres, hay muchísimo que hacer ». La mirada del poeta sobre sí mismo y los otros (a veces en irónico, cruel desdoblamiento) es implacable. La condición esencial y actual de él y los otros —el *nosotros* de Roberto Matta— es la misma. Ella hace surgir un incontenible sentimiento de solidaridad en sus poemas. Su trabajo sobre el dolor se transforma en un esfuerzo por superar, siquiera en parte, esta condición. El impacto de la Guerra Civil Española contribuyó decisivamente a indicarle el camino. También el recuerdo de las raíces perdidas de la vida comunitaria y ecológica en su patria de los Andes. Como señala Guillermo Sucre, *España, aparta de mí este cáliz* (1939) expresa una transfiguración en el poeta y propone una transfiguración en los hombres. El individuo desaparece en la comunidad, es la comunidad la que obtiene la justicia con su lucha y su trabajo. Estos poemas no son signo de una conversión en Vallejo, sino de un acendramiento, una plenitud o perfección de sus sentimientos y reflexión [38].

Junto a Neruda —y de otra manera Huidobro y Guillén— es Vallejo una de las figuras claves de la poesía latinoamericana. Ellos son los fundadores de la poesía actual. En el Perú mismo, la publicación de *Trilce*, desapercibida por la crítica oficial, tuvo gran influencia en el desarrollo del vanguardismo, que dió lugar a poetas tan importantes como Carlos Oquendo de Amat (1905-1936), Emilio A. Westphalen (1911), Martín Adán (1908-1984) y César Moro (1903-1956), poeta errante que nos entregó alucinadas imágenes de su tierra y de la vida. Tanto Moro como Westphalen se acercaron al surrealismo, tan duramente criticado por Vallejo, que lo consideraba una manifestación alienada —un juego de salón— de la burguesía en decadencia [38 bis].

[38] Sobre Vallejo (fuera de las indicaciones anteriores), A. ESCOBAR, *Como leer a Vallejo*, Lima, Villanueva, 1973; R. GUTIÉRREZ GIRARDOT, «C.V. y la muerte de Dios» (1970), en *Horas de Estudio*, Bogotá, Instituto Colombiano de Cultura, 1976, pp. 91-112; A. MELIS, «L' 'austero laboratorio' di V. e il distacco dalla Avanguardia», *Letterature d'America*, Roma, III, 11 (1982), pp. 35-59 (notable estudio sobre la relación crítica de V. con la vanguardia); R. PAOLI, *Mapa anatómico de C.V.*, Firenze D'Anna, 1981. Y por cierto los estudios de X. Abril, entre ellos, V. *C.V. o la Teoría Poética*, Madrid, Taurus, 1963. Otra interpretación en los numerosos trabajos de Juan Larrea.

[38 bis] C. OQUENDO DE AMAT publicó en 1927 sus *5metros de poemas*. De M. ADÁN, vid. ahora su *Obra Poética* (1928-1971), Lima, Instituto Nacional de Cultura, 1971. De C. MORO, en español, *La Tortuga Ecues-*

Por el contrario, el pensador marxista Mariátegui — figura decisiva para la introducción y discusión del vanguardismo en Hispanoamérica — veía en el surrealismo, al menos en su etapa heroica, una superación del realismo burgués y una posibilidad de recuperar y amplificar la representación de la realidad en la literatura. Para Mariátegui (1891-1930), la realidad podía encontrarse « por los caminos de la fantasía », que podía completarla, además, con la representación de la esperanza posible, la utopía de América.

El vanguardismo en Chile y Pablo Neruda

Los cambios que promueve el vanguardismo se advierten temprano en Chile. Ya sabemos que la producción vanguardista de Huidobro comienza en 1917, aunque fuera del país. Las nuevas tendencias no se manifestaron en Chile tanto en la fundación de escuelas o estilos colectivos, cuanto en la producción literaria de una serie excepcional de poetas: Pablo de Rokha, Vicente Huidobro, Pablo Neruda, Rosamel del Valle, Humberto Díaz Casanueva, Luis Omar Cáceres (1906-1943), entre otros.

El más discutible de estos poetas continúa siendo

tre, Lima, Trigondine, 1957; *Los Anteojos de Azufre*, Lima, Trigondine, 1957. De E.A. Westphalen, sus *Insulas Extrañas* (1933) y *Abolición de la Muerte* (1935, reunidas ahora — junto a otros poemas — en *Obra Imagen Deleznable*, México, Fondo de Cultura Económica, 1980.

Pablo de Rokha (1894-1968). Sus primeros textos, grandilocuentes, de ambientación cósmica, torrenciales, denuncian la lectura del futurismo. Su estilo se consolida en *U* de 1926. Es un escritor disparejo. Como los futuristas rusos, evolucionó rápidamente a la literatura políticamente comprometida. El sino de su vida y obra acaso esté premonitoriamente resumido en sus propios versos: « y nosotros nos acordaremos / de todo lo que no hicimos y pudimos y debimos y quisimos hacer ».

Los *Veinte Poemas de Amor y una Canción Desesperada* (1924) de Pablo Neruda (1904-1973) han sido escritos ya con conocimiento de las libertades vanguardistas. No sólo hay una sintaxis traída de la prosa, imágenes novedosas — « socavas el horizonte con tu ausencia » —, sino también la representación de un erotismo que ha roto los marcos represivos en que lo mantenía la retórica postmodernista.

Un texto directamente relacionado con las experiencias vanguardistas es, sin duda, *Tentativa del Hombre Infinito* (1926). Consta de quince secuencias que contienen la « experiencia frustrada de un poema cíclico », en palabras del propio Neruda[39]. Las secuencias carecen de puntuación y mayúsculas,

[39] P. NERUDA, « Algunas reflexiones improvisadas sobre mis trabajos », *Mapocho*, II, 3 (1964), pp. 180-182. Sobre *THI*, vid. H. LOYOLA, « THI: 50 años después », *Acta Litteraria*, Budapest, XVIII, 1-2 (1975), pp. 111-123; R. DE COSTA, « P. Neruda's THI. Notes for a reappraisal », *Modern Philology*, 73 (1975), pp. 136-147; A. SICARD, *El pensamiento poético de P.N.*, Madrid, Gredos, 1981 (libro fundamental para el estudio de Neruda).

los versos han abandonado la medida y la rima, la sintaxis es discontinua, su hilo suele distorsionarse, la escritura (parece que) fluye automática, aunque orientada hacia un tema: el viaje hacia el infinito, es decir, hacia la liberación del tiempo, vigilada por el poeta, intermitentemente sometida a control. La serie de estrofas, la proliferación de imágenes, que no siguen una misma línea, sino que se ramifican, parece encubrir una articulación: la de un viaje nocturno —que concluye con la reiteración de la partida— en que el poeta busca anular o suspender el tiempo, reunir, en la eternización del instante, el pasado y el futuro, reintegrar el sujeto a la totalidad infinita, aún concebida, creo, como cosmos, bien que material. Pero el libro « no alcanzó a ser lo que quería » [40], no sólo en tanto testimonio del fracaso del sujeto poético en su intento de superar o suspender la temporalidad, sino en tanto discurso que muchas veces no logra configurar las imágenes intentadas con la intensidad y consistencia necesarias.

Expresión del angustiado reconocimiento de la temporalidad de la vida serán los poemas de *Residencia en la Tierra* (1933, 1935), escritos entre 1925 y 1935. Los poemas de este libro representan una experiencia contradictoria, y que el poeta no puede resolver, entre su oscuro sentimiento de pertenencia a la naturaleza, entre su anhelo de comunicación y la más extrema sensación de aislamiento y extrañeza respecto de sí mismo, la naturaleza y los otros hombres. Su existencia transcurre en una especie de

[40] P.N. *art. cit.*

presente dilatado, separado de sus « perturbados orígenes » (a cuya recuperación y descripción, como base de su materialismo, dedicará gran parte de su trabajo y meditación poética posteriores). El sujeto residenciario — « como un vigía tornado insensible y ciego » — registra que no sólo la apariencia de las cosas cambia incesantemente, sino que el núcleo mismo de ellas y de sí mismo está constituido por una permanente desintegración. La desintegración toma la forma de un movimiento cíclico en la naturaleza, aunque no sólo. En poemas como « El fantasma del buque de carga » comienzan a penetrar las imágenes de una naturaleza parcial, regionalmente contaminada por la actividad del hombre. Y ya en « Galope muerto » — el primer poema del conjunto — este movimiento cíclico de la naturaleza muestra desajustes que más bien exhiben un desarrollo entre la regularidad y la catástrofe [41].

La temporalidad es la dimensión negativa del hombre y la materia. El sujeto residenciario la experimenta como un desgaste, una consunción incesante de sí mismo. En su (im)propia existencia no vislumbra la posibilidad de un cambio, es decir, de un porvenir diverso. En los otros — « ven conmigo a la sombra de las administraciones » — contempla la acumulación de pequeñas muertes diarias en una vida alienada, no vivida, que ha hecho perder de

[41] En momentos posteriores de su obra — sobre todo en su poesía última y póstumamente publicada — el poeta intensifica su indagación de las relaciones entre la praxis histórica y una naturaleza que da indicios de tener un desarrollo (aunque no en el sentido de Engels).

vista o encubierto lo que aún percibe y siente el poeta solitario: « la tierra y el fuego / las espadas, las uvas », pero también la muerte como horizonte definitivo del individuo, es decir, como el otro extremo — también « perturbado » — desde el que debería tensarse, llevarse a cabo su vida expropiada.

Contribuciones importantes del vanguardismo se encuentran integradas en el extraño estilo de *Residencia en la Tierra* — que tan vasta influencia habría de tener en la poesía de lengua española — y en su angustiado y contradictorio contenido: imágenes que acercan elementos distantes de la realidad, perspectiva cambiante, inesperadas sinestesias, sintaxis anómala, prosódica, vocabulario cotidiano, penetración en niveles desacostumbrados de la realidad y la psique, fragmentación: « percibir / entonces, como aleteo inmenso, encima, / como abejas muertas o números, / ay, lo que mi corazón pálido no puede abarcar »[41 bis].

La « deshumanización del arte » que promovió

[41 bis] Sobre P. Neruda: A. ALONSO, *Poesía y Estilo de P.N.*, Buenos Aires, Losada, 1941; J. CONCHA, « Interpretación de *Residencia en la Tierra* », Mapocho, 2 (1963), pp. 5-39; J. CONCHA, *Neruda: 1904-1936*, Santiago, Universitaria, 1972; A. FLORES, (ed.) *Aproximaciones a Neruda*, Barcelona, Ocnos, 1973; A. MELIS, *Neruda*, Firenze, Nuova Italia, 1970; G. BELLINI, *Neruda, la vita, il pensiero,* Milano, Accademia, 1973. G. MORELLI, *Strutture e Lessico nei Veinte Poemas de Amor*, Milan, Accademia Goliardica, 1979; A. SICARD, *El pensamiento poético de Pablo Neruda*, Madrid, Gredos, 1981, H. LOYOLA, « Pablo Neruda: Propuesta de una Lectura », en P.N. *Antología Poética*, Madrid, Alianza, 1981 (con bibliografía selecta).

un sector de la vanguardia fue siempre ajena a la concepción y práctica nerudianas de la poesía. Su crítica de 1935 a la poesía pura —que hemos citado más atrás— es suficientemente explícita. Por esos mismos años, el estallido de la Guerra Civil Española iba a precipitar su descubrimiento de ser social e histórico del hombre.

Tampoco era « deshumanizada » la producción poética de dos importantes poetas surgidos del vanguardismo en Chile: Rosamel del Valle y Humberto Díaz Casanueva (1907).

Ambos publicaron su primer libro en 1926. *Vigilia por dentro* (1931), del segundo, es ya una contribución relevante a la exploración vanguardista del lenguaje y la realidad. Sus poemas amplifican la visión de la interioridad del hombre, penetran en su profundidad abisal e interrogan sus dimensiones desconocidas, sus propias y « ajenas substancias ». El ser es más que el mero correlato de la conciencia, se prolonga en el sujeto « en viejas dinastías de secretos » y va más allá de sus límites como individuo, como contingencia. La relación del hombre con el ser es indigente y está bloqueada por una serie de rupturas y condicionamientos gnoseológicos. La visión poética rescata fragmentos de este ser excesivo, nos entrega imágenes de él, pero no es capaz de retenerlo continuamente, se le desprende y nos vuelve a dejar en la penumbra, desorientados. La poesía es « testimonio doliente » —es trabajo: « un amargo juego dialéctico »— y es revelación heroica en el tiempo. La poesía empuja nuestros límites existenciales: es apertura y cerrazón (o conclusión) simultáneas o rápidamente sucesivas. La poesía se introduce en los sueños, en la historia y prehistoria, en las corrientes profundas de la psique (« nadando entre grandes olas rígidas / abro cajones llenos de / serpientes » nos dice en 1969) o emerge de ellas. No pierde, sin embargo, contacto con la realidad contingente de su existencia: en un fragmento de *Los Penitenciales* (1960) reclama « un asa de piedra pegada / a mi mano / para empuñar mi muerte ». Más adelante —en *El Sol Ciego*, 1969— reintegra la nada al ser del hombre: « En qué parte de mí / me extiendo hasta no ser? ».

Quizás sea necesario admitir —aunque rechinen los dientes al enunciar esta noción— que en su escritura persiste el símbolo, ¿un espejismo?, según ha declarado él mismo repetidas veces, como una imagen o visión en la que aún no se segrega —o se disgrega— « la idea ». Sus imágenes proceden predominantemente de la vista, pero también del olfato, el oído, el gusto o el tacto —este último adquiere inusitada relevancia— y suelen mezclar sus materiales. Son parte de un estilo hermético que —acorde con los designios de esta poesía— se ha mantenido en la producción posterior de Díaz Casanueva [42].

[42] Algunas obras de Díaz Casanueva: *El aventurero de Saba* (1926), *Vigilia por dentro* (1932), *El blasfemo coronado* (1940), *Requiem* (1945), *Los Penitenciales* (1960), *El sol ciego* (1966), *Sol de lenguas* (1969), J. Olivio Jiménez, lo ha estudiado en « Hacia el pensamiento poético de HDC », *Hispamérica* 30 (1981), pp. 83-98. Antes: R. Del Valle, *La violencia creadora. Poesía de HDC,* Santiago, Panorama, 1959. En un ensayo en prensa « Ser y ceremonia en la poesía de Umberto

No menos hermética es la poesía de Rosamel del Valle (1900-1965) y el oscuro esplendor de sus imágenes, en que se entraman polifónica, catastróficamente los estambres del sentido y el conocimiento con el ruido de la última luz ». La poesía no es para él un « simple sport de los vocablos », como podría parecer, o un relajado automatismo; todo lo contrario, es un *campo de juego* en que se organizan y emergen las imágenes a partir de su *contacto* con la realidad. La actividad poética es, simultáneamente, tanteo, vivencia y difícil expresión, no siempre lograda. *Mirador*, su primer libro, es de 1926. Casi diez años más tarde, observó que « la imagen de este otro espacio no puede ser REAL del todo ... entonces, ¿que sería la poesía? Nada más irreal que la existencia »[43]. En « El viajero y sus raíces » (1939), éste se presenta como « un cuerpo de cuerdas radiantes en una invasión destruída » y contempla « con qué ruido se rompen mis espejos, mis lenguas, mis anillos de contacto / al través de sol que se olvida de sus muertos ». No sólo la interrogación o el lamento elegíaco surgen de su experiencia, sino más bien —sobre todo en su poesía final— la celebración o glorificación gozosa del espectáculo de la caducidad general del universo[44].

Díaz Casanueva », *Quaderni del Dipartimento di Lingue e Letterature Neolatine,* Bergamo, procuro mostrar una doble función de los símbolos en esta escritura: como enmascaramiento y referencia a cierta experiencia del ser.

[43] En E. Anguita y V. Teitelboim, *op. cit.*

[44] Algunas obras poéticas de R. Del Valle: *Mirador* (1926), *Poesía* (1939), *Orfeo* (1944), *El joven ol-*

El vanguardismo en Cuba y Nicolas Guillén

La *Revista de Avance* (1927-1930) fue el órgano de expresión más frecuente del vanguardismo en Cuba. Fundada, entre otros, por Alejo Carpentier, Jorge Mañach y Juan Marinello, colaboraron en ella todos los poetas que tuvieron significación para el vanguardismo cubano, con la excepción del más importante de todos: Nicolás Guillén.

La estrecha dependencia en que estaba Cuba respecto de los intereses de empresas norteamericanas había conducido también a una subordinación política extrema y a una profunda corrupción de la vida política y social. En este contexto, señala Jorge Mañach, el vanguardismo fue « una especie de fuga, una sublimación inconsciente de aquella actitud marginal en que creíamos deber y poder mantenernos para salvar la cultura »[45]. Pero el vanguardismo contenía también un poderoso germen de protesta y rebeldía.

La persistencia en una actitud que marginaba la política y los problemas sociales de su expresión poética, condujo a la « poesía pura » de autores como Eugenio Florit y Emilio Ballagas. Antecedente de esta tendencia es Mariano Brull (1891-1956), que había comenzado como poeta del intimismo post-

vido (1949), *Fuegos y ceremonias* (1952), *La visión comunicable* (1956), *El corazón escrito* (1966).

[45] J. MAÑACH, *Historia y Estilo,* La Habana, 1944, p. 96. Sobre el vanguardismo en Cuba, vid. el estudio de R. FERNÁNDEZ RETAMAR, *La poesía vanguardista en Cuba*, Origenes, La Habana, 1954.

modernista, pero que en *Poemas en Menguante* (París, 1928) se orientaba decididamente por los caminos de la poesía pura (según las indicaciones del Abate Brémond). En este libro, sin embargo, hay poemas en que predomina el juego con los sonidos, un uso onomatopéyico y autónomo del sonido que es indicio de que otros experimentos vanguardistas no lo habían dejado indiferente.

Eugenio Florit (1903) fue un poeta discreto, controlado, contemplativo, que correlacionó la percepción y el concepto en *Trópicos* (1930) y *Doble Acento* (1937), recogiendo los ejemplos de poesía pura en Juan Ramón Jiménez y Guillén (Jorge, el otro). Pero en los poemas de *Asonante final* (1950) se aproxima a la « poesía conversacional », prestigiada en las preferencias actuales de estilo.

Emilio Ballagas (1908-1954) también practicó la poesía pura, la poesía como evasión de la historia, juego de palabras, reclusión en el mundo de los sentidos, que se celebra, desdén por lo anecdótico. Pero bajo la superficie jubilosa late la angustia y el desamparo. Es lo que expresa « Elegía sin nombre » (1936), en que se representa el amor como una forma fugaz o ilusoria de relación con el prójimo. La poesía siguiente de Ballagas reitera un sentimiento de soledad radical y lo integra a una concepción cristiana de la vida. En su etapa anterior, en 1934, había publicado *Cuadernos de Poesía Negra*, que constituye una notable contribución a la representación del mundo afrocubano. El juego de palabras, sonidos, imágenes, ritmos, de poemas como « Elegía de María belén Chacón » nos comunica también un mensaje de crítica social.

La figura más importante que surge del vanguardismo poético en Cuba es, sin duda, Nicolas Guillén (1902). La aparición de sus primeros poemas negros y mestizos — entre 1930 y 1934 — fue un acontecimiento histórico literario cuya significación iba a trascender los límites de la literatura cubana. Guillén incorpora a la gran poesía no sólo un vasto sector social, sino también formas expresivas originadas en la cultura negra, mestiza o criolla de esta región americana [46].

El negro y el mulato no están vistos en estos poemas sólo como representantes de una raza o una mezcla de razas: ellos son en su poesía parte substancial de las clases sociales explotadas y oprimidas durante siglos por los imperialismos extranjeros y las propias clases dominantes. Guillén *canta* (esta es la palabra más apropiada) la alegría del pueblo cubano, su capacidad de encontrar felicidad espiritual y corporal aún en medio de las peores condiciones. Los poemas expresan, rescatan el mundo y la cultura oprimida del pueblo, pero denuncian también las injusticias a que está sometido. La función de crítica social se intensifica aún más en la poesía posterior de Guillén. *Cantos para soldados y sones para turis-*

[46] Sobre la poesía de la « negritud » y de la fusión « criolla » de las culturas de Africa y América — sobre lo que hay ya una abundante bibliografía — vid. el artículo informativo « La 'negritud' en las literaturas antillanas » de J.A. PORTUONDO, en *Letteratura d'America*, Roma, I, 5 (1980), pp. 198-204.

tas (1937) contiene un tipo muy eficaz de poesía argumental. Culminación de esta etapa en la evolución de Guillén es *El Son Entero* (1946), que incluye poemas escritos entre 1929 y 1946. Como en Vallejo y Neruda, la Guerra Civil Española iba a tener un fuerte impacto en la vida y la obra de Guillén.

Decisivo en la elaboración de su poesía social es que quien habla y canta en sus poemas es un *poeta mestizo*, que ve la realidad desde el punto de vista de su propia clase y cultura. Su concepción de la poesía y muchos de sus recursos expresivos los recoge Guillén de tradiciones culturales que, en gran parte, provienen de Africa y se han conservado y transformado *oralmente*. Las onomatopeyas, rimas agudas, ritmos, cadencias, repeticiones, estribillos, paralelismos que caracterizan sus poemas vienen de una poesía oral, ritual, que se escucha, canta e incluso danza colectivamente, Quizás sea excesivo afirmar —como lo hace Martínez Estrada en un extraordinario ensayo— que Guillén introduce, en la literatura hispanoamericana, una poética completamente nueva, que descalabra las bases de la poética castellana, que sería una forma soterrada de « dominación espiritual y social ». Pero sí es notorio que la poesía de Guillén es novedosa y subversiva en el contenido y en la forma. Su lengua no es sólo el español popular de Cuba, o mejor dicho, lo es también, pero utilizado de un modo diverso al de la poética castellana, culta y popular. Los poemas de Guillén son orales, para ser escuchados en las calles, mercados, plazas. Las onomatopeyas, la palabras están usadas *fisiognómicamente*, es decir, son parte del mundo que expresan. Los oyentes de estos poemas los comprenden por medio de su participación en cuerpo y alma. Los poemas evocan el pasado de los pueblos ágrafos, las derrotas, las luchas, y cantan su presente derrotado y su rebeldía. Son poesía subversiva porque denuncia y también porque enaltece y renueva la cultura de los oprimidos [47].

Nicaragua y los fines del vanguardismo

Tardía e intermitente fue la aparición del vanguardismo en Nicaragua. En un comienzo, hasta avanzados los años 30, se reduce a la actividad de José Coronel Urtecho (1902), que ataca la pervivencia de la retórica modernista, que él distingue cuidadosamente de la obra de Rubén Darío y su significación para la poesía de lengua española. Coronel Urtecho es un poeta experimental, que ensaya y juega con los más diversos estilos y a veces también expresa profundos sentimientos (por ejemplo, en un largo poema a su mujer, relativamente reciente). Bajo la influencia de Ezra Pound y otros poetas norteamericanos, introduce en la poesía nicaraguense la imagen imprevista, el montaje y la inclusión de textos ajenos en la propia creación. Este

[47] Sobre N. Guillén, E. MARTÍNEZ, *La poesía de N.G.*, Buenos Aires, Calicanto, 1977 (1ª ed. 1966); L. IÑIGO MADRIGAL, « Introducción » a *Summa Poética de N.G.*, Madrid, Cátedra, 1976, pp. 13-46 (con bibliografía selecta).

último quizás sea su aporte más importante para una concepción y práctica renovada de la poesía, en que el poeta no es más un sujeto singular, elevado y celoso de su originalidad, sino, al revés, un sujeto intercambiable, de rasgos compartidos, semejante en todo a sus semejantes. Coronel Urtecho es un experto en la dislocación o descolocación. Utiliza *fuera de contexto* incluso el verso medido y las estrofas tradicionales. Gran parte de su producción está recogida en *Pol-La D'Ananta Katanta Paranta* (1970)[48].

Las proposiciones de Coronel Urtecho y el vanguardismo internacional fueron recogidas por poetas más jóvenes, como Joaquín Pasos (1914-1497), autor de *Poemas de un Joven* (1962) y Pablo Antonio Cuadra (1912), autor de *Poemas Nicaraguenses* (1934) y muchos otros libros. Tanto Coronel Urtecho como estos dos poetas —que deben ser considerados postvanguardistas— investigaron las posibilidades expresivas de la lengua coloquial. Uno de sus resultados fueron los « poemas chinfónicos », que son una variedad temprana de lo que más tarde se ha llamado « poesía conversacional ». Hace poco, Pablo Antonio Cuadra ha recordado que ellos « intentaron la oralización de la poesía, devolverla al habla »[49]. En su desarrollo posterior, estos poetas hicieron tema preferente de su poesía a su propia tierra, Nicaragua, su naturaleza, sus luchas sociales,

[48] Vid. G. Bellini, « JCU: entre la magia y la angustia, en Homenaje a J.C.U., *Cuadernos Universitarios,* León, 16 (1976), pp. 121-129.

[49] P.A. Cuadra, « Fronteras y rasgos de mi comarca literaria », *El pez y la serpiente*, 13 (1974), p. 16.

su historia, sus raíces indígenas. Son, en este sentido, un antecedente de Ernesto Cardenal.

* * *

Importantes poetas que comenzaron su trabajo innovador a comienzos de la década del 40 no pueden ser considerados vanguardistas en el mismo sentido que los poetas anteriores. Ellos ya no se oponen directamente al modernismo y sus secuelas, sino que elaboran sus poemas en referencia inmediata al sistema expresivo y las concepciones de la poesía comenzadas por el vanguardismo (o primer vanguardismo). Poetas como José Lezama Lima (1910-1976), Octavio Paz (1914), Nicanor Parra (1914), o Gonzalo Rojas (1917) realizan su teoría y su práctica de la poesía en una relación de continuidad o contradicción, total o parcial, con el sistema inaugurado por el vanguardismo.

* * *

INTRODUCCIÓN A LA ANTIPOESÍA DE NICANOR PARRA *

I

La situación en 1971

¿Cuáles son las condiciones a partir de las que un texto opera como poesía? ¿No es éste un nombre abominable para cualquier actividad presente, un término que tiene la virtud de informarnos sobre una serie importante de hechos del pasado, en resumen, un pasaje de turismo para visitar un museo? No proponemos, claro está,la reconstrucción de un mundo histórico en que esta actividad del espíritu ocupaba un lugar de mayor o menor privilegio, aparente o real, de mayor o menor trascendencia, según retrocedamos en el tiempo u obren las deformaciones de nuestro recuerdo y de la historia. En todo caso, y dicho muy en general, es su relación con ciertas tradiciones la que otorga a un texto la posibilidad de ser reconocido y actuar como poesía y es la presencia efectiva de estas tradiciones en nuestra situación, quiero decir, su capacidad de ser un *codigo*

* Orig. bajo el título de « Introducción a la antipoesía » como prólogo de *Poemas y Antipoemas* de Nicanor Parra, Santiago, Nascimento, 1971, pp. 3-50.

aplicable al presente, su capacidad de encarnar mensajes, o el (sin)sentido de sus mensajes, en la materia del mundo actual, la que permitiría el desarrollo presente de la poesía, la continuación de su dudosa eficacia. Como todo el mundo sabe, esto es, se olvida, una de las últimas manifestaciones del género poético en nuestro medio, según muchos augures la postrera, es la antipoesía. Ella ha obtenido desde hace algunos años una considerable amplificación de sus lectores y, algo que ya no es tan desusado para los productos del « espíritu moderno », una consagración oficial en aumento. A más de veinte años de haber iniciado su empresa de exposición, demolición y denuncia de nuestra sociedad, el autor de los antipoemas ha sido galardonado con el máximo premio que esta sociedad otorga a *sus* escritores: el Premio Nacional de Literatura (de 1969). Sería engañoso (o al menos demasiado poco) suponer que estamos sólo ante la presencia de un acto de justicia elemental para una poesía que Pablo de Rokha describió como « un escupo de mosca tirado a un espejo inexistente, pequeño ladrido de perro más o menos tiñoso y metafísico »[1]. Demasiado bien sabemos las consecuencias que la oficialización y promoción pueden traer —y casi siempre traen— a una poesía. ¿*Quien* lee ahora los antipoemas y *qué* lee en ellos? Tenemos derecho a sospechar que la sociedad establecida ejerce una vez más su habitual estafa con el público, manipula el carácter del lector,

[1] P. De Rokha, entrevista, *Última Hora*, Santiago de Chile, 26.09.1965.

se introduce en él y reemplaza su individualidad por los moldes de lo que debe ser el individuo, modela y deforma sus esperanzas con respecto a la literatura, desconecta a los antipoemas de las tradiciones que le otorgan su verdadero sentido poético y crítico, despolitiza y sustituye los contenidos originales de la antipoesía o, al menos, parte de ellos, trasvasijándole una mercadería ideológica que legitima un estado de cosas y tiende a presentarlo como el único posible; en suma, desde su absoluta necesidad (planificada o no) de eliminar cualquier alternativa que afecte radicalmente sus bases ideológicas o materiales, desculturiza allí donde parece aceptar o promover la cultura crítica. ¿No se ha realizado aquí la neutralización perfecta? ¿Qué es o qué era la antipoesía? ¿Son las manifestaciones posteriores de Parra una prolongación de su disidencia o una entrega al enemigo? Para bien o para mal, de una cosa no cabe duda: de que al comienzo o en el capítulo más reciente de su desarrollo —en los antipoemas o en los artefactos —la obra de Parra parece ser (si convenimos en aceptar una serie de supuestos) el último contacto válido entre palabra y realidad, el último esfuerzo por acercarse a un conocimiento inalcanzable como totalidad, el horizonte obligado desde el cual se puede intentar una experiencia más amplia, un conocimiento más adecuado de nuestro presente, un presente en que aún tenemos derecho a imaginar que es posible la esperanza. Pero, ante todo, ¿qué es o qué era la antipoesía? Una probable respuesta o, mejor dicho, una experiencia de los materiales que pueden conducir a una respuesta, podemos obtenerla si retrocedemos hasta los orígenes remotos —quizás a primera vista muy indirectos— de la antipoesía.

II

Poetas de claridad

Estos orígenes no han sido aún suficientemente estudiados [2]. El propio Parra los ubica alrededor de 1938, época en que un grupo de escritores jóvenes contrapuso sus intentos poéticos al modo de escritura y experiencia de la realidad imperantes, que estaban profusamente representados en la *Antología de Poesía Chilena Nueva* (1935) de Eduardo Anguita y Volodia Teitelboim, por entonces famosa [3]. *Residencia en la Tierra* (1933 y 1935) de Neruda era también, para ellos, una obra que ejemplificaba este estilo. Como señala Tomás Lago, convertido en exégeta de los jóvenes escritores —entre los que se encontraban Nicanor Parra y Oscar Castro—, éstos no negaban los significativos aportes que habían hecho los poetas que comenzaban en ese momento a ser vigentes, pero, a la vez, no podían menos de observar con preocupación la dificultad comunicativa que entrañaba esta poesía, su separación del público que estaba más allá de los círculos vanguardistas y las

[2] Vid. ahora F. Schopf, « Arqueología del Antipoema », *Texto Crítico*, 28 (1984), pp. 13-33.
[3] E. Anguita y V. Teitelboim, *Antología de la Poesía Chilena Nueva*, Santiago, Zig Zag, 1935.

amenazas que cernía sobre la integridad del lenguaje. En relación a estos problemas, escribía Tomás Lago, « podemos pensar lo que costó construir las formas lógicas del pensamiento, había que circunscribir sensaciones, fijar conceptos, encerrando o rodeando lo disperso para formar, a veces con oposiciones afortunadas, un todo conceptual, pellizcando apenas el misterio del mundo inexpresado. Para esto —a través de una gestión inacabablemente coordinada y laboriosa— se crearon los diversos recursos del idioma, para formar un sistema de expresión que sacara del caos con su fórmula exacta la comprensión de las cosas. ¿Cuánto ha costado llegar a la construcción arquitectural de la sintaxis, a la eficacia transmutativa de los verbos? Sólo escasamente podemos hoy día darnos cuenta de ello pensando en el camino seguido por la poesía moderna, que para ampliar su eficacia *se puso a destruír los núcleos funcionales del lenguaje*, porque entre la corporeidad vascular de esos núcleos andaba una materia indiscernible cuya existencia quería revelar »[4]. Poco antes, ha reconocido que cada uno de los poetas referidos —Huidobro, Neruda, Del Valle, Díaz Casanueva, entre otros— « ha contribuído en gran manera a enriquecer los recursos y los símbolos literarios, perfeccionando las fórmulas válidas del artilugio, pero podemos decir ahora que el refinamiento de las sensaciones que ellos aportaron no ha aumentado la utilidad social de la poesía y, lejos de eso, es evidente

[4] T. Lago, « Luz en la Poesía », en *Tres Poetas Chilenos*, Santiago, Cruz del Sur, 1942, p. 17.

que ha restringido su influencia, amagando su proyección vital »[5].

Poco más adelante, agregaba Tomás Lago que los jóvenes poetas oponían « a la poesía de análisis... una poesía de síntesis »[6]. Justamente este trabajo analítico era el que habría conducido a los poetas inmediatamente anteriores a un subjetivismo desmedido — que los habría aislado, alienado de los demás seres humanos — y era el que — en su aplicación al lenguaje — amenazaba destruir sus « estructuras lógicas » y sus « núcleos funcionales », esto es, su capacidad representativa y, sobre todo, la amplitud de su comunicación social. El *hermetismo* que Tomás Lago y los poetas jóvenes atribuían a esta poesía se refería, pues, tanto a la oscuridad de su estilo cuanto a su contenido solipsista y a su capacidad extremadamente restringida o más bien inexistente de comunicación.

(Quizás resulte sorprendente en la actualidad esta interpretación y recepción de las obras que, por ese entonces, escribían poetas como Pablo Neruda, Rosamel del Valle o Humberto Díaz Casanueva. Hoy día podemos advertir que en los mejores poetas de ese tiempo la capacidad comunicativa de su escritura no se había perdido — y no podía perderse en la medida en que esta poesía continuaba representando (o sugiriendo, refiriendo, expresando) algo, a saber, y dicho muy en general, dimensiones de la experiencia que no habían sido suficientemente *imaginadas*

[5] T. LAGO, *op. cit.*, pp. 13-14.
[6] T. LAGO, *op. cit.*, p. 24.

y *concebidas* en los niveles ya institucionalizados o socializados del discurso poético—, aunque sí se había restringido fuertemente el ámbito probable de su recepción. De hecho —si se acepta cierta interpretación de la historia literaria —estas obras habían ocupado un lugar en el proceso de reducción del público lector que se había iniciado con la poesía de Baudelaire y que, desde él, se encuentra en relación proporcional a la distancia que esta tendencia de la poesía, acaso hegemónica, establece con la ideología dominante en la sociedad burguesa de esos años. En este sentido, es una poesía cuya existencia —cuya forma y contenido— surge y se elabora en contradicción con las formas de vida y la ideología de la sociedad establecida (revelando paradójicamente sus verdaderos fundamentos). No es, entonces, una vocación exclusivista la que alimenta a esta poesía —que, repito, es sólo parte de la poesía de su tiempo—, sino, por el contrario, una motivación esencialmente subversiva la que orienta su búsqueda expresiva y cognoscitiva, la cual se aparta —o debe apartarse— necesariamente de las imágenes y conceptualizaciones institucionalizadas, es decir, que legitiman a la sociedad burguesa y, por cierto, se encuentran lo suficientemente internalizadas como para que la opinión pública —al través de la recepción institucionalizada— y el lector en la aparente soledad de su lectura la identifiquen sin más con los límites mismos de la comunicación posible. La culminación de este proceso de expresión y conocimiento se había alcanzado, por esos años, en los diversos movimientos de vanguardia que —exacerbados por las consecuencias de la Primera Guerra Mundial y la crisis económica iniciada en 1929 — habían reducido a pedazos la representación institucionalizada del mundo y de la vida y se encontraban, a la vez, en medio de sus esfuerzos cognoscitivos, expresivos y prácticos. La voluntad de solipsismo que veían Tomás Lago y los jóvenes poetas no era siquiera una tendencia dominante en la *Antología* de Anguita y Teitelboim. Tampoco había en ella sólo poetas en que se expresara la alienación social, sino también aquéllos que la expresaban a intentaban buscar los caminos de su superación.

Es legítimo que la diversidad de nuestra recepción de la llamada poesía hermética en Chile y la que describe tan comprometidamente Tomás Lago provoque nuestro asombro, pero debe más bien llevarnos al reconocimiento de la historicidad esencial no sólo de los textos literarios, sino también de su lectura, que es el acto en que el texto se transforma en experiencia socialmente medible).

La oposición de los jóvenes escritores a la poética vanguardista — a su oscuridad, subjetivismo y tendencia a la disgregación y aislamiento — se fundaba en la volutad de llevar a cabo una poesía de utilidad social. Los « Poetas de la Claridad » se proponían la elaboración de poemas « al alcance del grueso público » [7], que permitieran la comunicación de representaciones válidas para toda la comunidad. Muy probablemente debe verse en estos propósitos

[7] N. Parra, « Poetas de la Claridad », *Atenea*, 380-381 (1958), p. 47.

algunas analogías (necesitadas de estudio) con el programa de desarrollo nacional y reformas sociales que —sobre la base de la colaboración de clases— intentaba realizar, por esos años, entre 1938 y 1946, el gobierno del Frente Popular. Los « poetas de la claridad » no estaban políticamente comprometidos con ningún partido, pero eran —según el testimonio del propio Parra— « en general, apolíticos, más exactamente, izquierdistas no militantes »[8]. Luis Oyarzún, por su parte, recordaba el profundo impacto que había producido en ellos el alzamiento contra la República Española y la guerra civil que lo continuó[9]. Oscar Castro —que Tomás Lago incluía entre los « poetas de la claridad »— se dio a conocer con un « Responso a García Lorca », elevado a la condición de mártir de la libertad. Precisamente era García Lorca la figura ejemplar —realzada más aún con su muerte— que les había indicado el camino de recuperación de la poesía popular y tradicional. El romance —popular y « artístico »— se transformó en uno de los recursos preferidos de los jóvenes poetas. La vuelta a ciertos metros y estrofas —como el octosílabo del ya mencionado romance, los versos de cinco y siete sílabas de la cueca y la seguidilla, las coplas de ciego, la utilización del estribillo y los paralelismos, las repeticiones y elipsis, la normalidad sintáctica, el uso de metáforas en que eran identificables tanto el término

[8] N. PARRA, *op. cit.*, p. 46.

[9] L. OYARZÚN, « Crónica de una Generación » (orig. 1958), recog. en *Temas de la Cultura Chilena,* Santiago, Universitaria, 1967, pp. 164 y ss.

de la comparación cuanto el de lo comparado, las imágenes que eran lugares comunes, en resumen, el retorno a cierta lógica y tópica establecidas en la retórica popular y culta — quería asegurar la retoma de contacto con la comunidad. Esta « poesía de síntesis » — según la denominación de Tomás Lago — se elaboraba, así, sobre la base literaria de una recolección de materiales que, de preferencia, se fueron a buscar a la poesía popular y populista y también en tendencias literarias como el mundonovismo — vinculado en Chile a poetas como Carlos Pezoa Véliz o Jorge González Bastías — o cierto postmodernismo intimista y crepuscular, es decir, en tendencias anteriores al trastocamiento vanguardista.

El propósito — y más íntimamente la necesidad — de integración y representatividad social los llevó a tomar distancia de una imagen del poeta ampliamente divulgada en la comunidad a que se dirigían (y que no era el pueblo, como creían, sino las capas medias y pequeño burguesas): la del « poeta maldito » y marginal, representado en Chile por Pedro Antonio González, de vida desordenada e inquietante, aunque víctima social, autor de un admirado poema, « El Monje », que retenía — de sus lejanos orígenes en la bohemia — la fascinación por lo prohibido. En la tradición nacional, los incipientes autores se sentían más bien herederos de poetas como el mencionado González Bastías — el cantor de « las tierras pobres » — y sobre todo de Carlos Pezoa Véliz, poeta de comienzos de siglo que había introducido elementos populares en sus poemas (y de vida tan desgraciada que, incluso estando enfermo en un hospital, había caído una muralla sobre él, durante un terremoto, dejándolo lisiado). Por las mismas razones de integración y propósito utilitario, los poetas de la claridad se apartaban de cualquier exaltación de la torre de marfil (o de « los panoramas » o de « las esfinges »), desviación de la que también acusaban al hermetismo. A lo que ellos aspiraban era al acuerdo pleno entre lengua, escritura, imágenes, conceptos y realidad, es decir, a la reunificación del poeta y la comunidad en la comunicación de una representación colectiva de la vida y la realidad. Lo que no advertían en su entusiasmo es que — bajo el dominio de una ideologización pequeño burguesa — recogían o repetían una visión populista y artificiosa del campo como un lugar incontaminado por las deformaciones y vicios del mundo moderno. Oscar Castro — « el más afortunado de todos, figuraba en los repertorios de todas las recitadoras profesionales y privadas », al decir de Parra [10] — puede ser considerado como el representante más característico y perseverante de esta visión idílica del agro chileno.

En apariencia, estos poetas — entre los que Tomás Lago incluía a Oscar Castro, Omar Cerda, Hernán Cañas, Nicanor Parra e inexplicablemente a Victoriano Vicario — ejecutaban sólo « un movimiento de retorno ». Pero ni siquiera Oscar Castro había permanecido inmune a las contaminaciones vanguardistas (trasmitidas hasta por su propio maestro, García Lorca, que había combinado elementos vanguar-

[10] N. Parra, *op. cit.*, p. 47.

distas y tradicionales en sus poemas). En el « Romance del vendedor de canciones » —de *Viaje en el alba* de 1937— el camino rural es una hoja de papel y « el hombre le va poniendo / la letra de una canción ». La mayoría de sus supuestos compañeros de ruta —en especial Victoriano Vicario y Nicanor Parra— había presentido con más intensidad aún que la poesía hermética —que ellos condenaban tan decididamente por su inexistente utilidad social— tocaba dimensiones importantes de su propia experiencia. Pero no mostraba salida alguna o, todavía más, arrojaba su sombra (o luz) crítica sobre el proyecto de literatura social de los jóvenes « poetas de la claridad », es decir, amenazaba denunciar, por contraste, las raíces ideológicas —probablemente no claras para ellos mismos— de su populismo. Aunque Parra —como lo muestran sus poemas de entonces— tampoco se había dejado seducir del todo por sus recuerdos nostálgicos de la vida provinciana ni por las representaciones sublimadas de la vida en la ciudad moderna. Luis Oyarzún recuerda que cierto « humor analítico que da vida a sus cuecas hizo brotar, hace más que 15 años (estamos en 1957), unos poemas absurdos que él tituló *Los jardineros* y que nunca llegó a publicar. Eran una expresión de antilirismo que se nutría de alimentos dispares, tanto de la observación de los charlatanes de la Quinta Normal como de nuestras lecturas antropológicas y de nuestras vagancias » [11]. El trabajo literario sobre la realidad exterior y sobre sí mismo,

[11] L. OYARZÚN, *op. cit.*, pp. 171-172.

sobre su interioridad y sobre sus propios presupuestos y condicionamientos, va a conducir a Parra más allá de estos poemas, es decir, a los antipoemas. Como él mismo lo reconoce en 1958 —al hablar de sí mismo y sus compañeros de viaje, incluídos los poetas de « La Mandrágora », cenáculo del surrealismo criollo— « nuestra debilidad inicial... era el punto de partida legítimo para nuestra evolución ulterior. En ella radicaba la fuerza que más tarde nos ha dado derecho a la vida. Fundamentalmente, creo que teníamos razón al declararnos, tácitamente al menos, paladines de la claridad y la naturalidad de los medios expresivos. Por lo menos, en esa dirección se ha movido posteriormente el cuerpo de las ideas estéticas chilenas » [12].

III

Los poemas

Los primeros poemas de Parra fueron publicados en 1937, bajo el título de *Cancionero sin Nombre* [13].

[12] N. Parra, *op. cit.*, p. 48.

[13] N. Parra, *Cancionero sin Nombre*, Santiago, Nascimento, 1937. Otras obras importantes de Parra (nac. 1914): *Poemas y Antipoemas*, Santiago, Nascimento, 1954; *La cueca Larga*, Santiago, Universitaria, 1958; *Versos de Salón*, Santiago, Nascimento, 1962; *Manifiesto* (un pliego), Santiago, Nascimento, 1962; *Canciones Rusas*, Santiago, Universitaria, 1967; *Obra Gruesa*, Santiago, Universitaria, 1969 (contiene gran parte de la obra anterior y poemas inéditos); *Artefactos*, Santiago, Ed.

Presentaban a un personaje rural en un medio urbano y suburbano, un afuerino que se comporta como un *énfant terrible.* Si bien se registraba la influencia de García Lorca —en el metro escogido, las elipsis verbales, las repeticiones, estribillos, constitución de las metáforas—, ella era proyectada sobre contenidos y figuras netamente nacionales. El poeta asumía, además, una actitud lúdica ausente en el *Romancero Gitano* de García Lorca. El mundo exterior se representa como *paisaje de tarjeta postal* —conformado por rasgos típicos y populistas— que sugiere en el poeta una relación irónica con el lector, en que se mezcla la timidez y el desenfado. Pablo García observó hace tiempo que los poemas de este libro se refieren también a un ámbito rural cultivado (de donde proviene el poeta) y no a la naturaleza en estado vírgen o salvaje [14]. En sus poemas hay, a menudo, una sucesión inesperada de acontecimientos e imágenes, que conduce al lector a cierto desconcierto simpático, atemperado por el carácter « lírico » del verso. La presencia de un poeta con residencia urbana o, al menos, con experiencia de la ciudad es ya característica de los poemas siguientes a *Cancionero sin Nombre*, aunque en ellos se poeticen casi siempre ámbitos rurales (a los cuales este poeta retorna o recuerda). Estos poemas terminaron

Nueva Universidad, 1972; *Sermones y Prédicas del Cristo de Elqui*, Valparaiso, Ganimedes, 1977; *Nuevos Sermones y Prédicas del Cristo de Elqui*, Valparaiso, Ganymedes, 1979.

[14] P. García, « Contrafigura de Nicanor Parra », Atenea, 355-356 (1956), pp. 131-163.

por hallar su *lugar natural*, si así, puede decirse, en la primera parte de *Poemas y Antipoemas*, editado en 1954. Originalmente, sin embargo, fueron concebidos como parte de un libro anunciado ya en 1942 y que nunca se publicó: *La Luz del Día.* Si asociamos este título con el que Tomás Lago puso a su ensayo sobre Parra, Oscar Castro y Victoriano Vicario — « Luz en la Poesía » — y si recordamos *Porvenir de Diamante* (1939) de Omar Cerda y el primer libro de Oscar Castro, *Viaje en el Alba* (1937) se nos hace, una vez más, evidente el propósito de estos poetas.

Quizás el poema más apropiado para penetrar en la índole de este momento de la producción de Parra sea « Hay un Día Feliz » (de la primera parte de *Poemas y Antipoemas*). En él se nos expone el retorno inesperado a la aldea de la juventud primera:

> Nunca pensé, creédmelo, un instante
> volver a ver esta querida tierra,
> pero ahora que he vuelto no comprendo
> cómo pude alejarme de su puerta [15].

Este retorno se convierte — contra toda espectativa acerca de la existencia — en el reconocimiento de la permanencia incambiada de un mundo. En el regreso se advierte que en el mundo rural el tiempo sólo tiene un efecto exterior sobre las cosas: las

[15] Un análisis de este poema en mi trabajo « La escritura de la Semejanza en Nicanor Parra », *Revista Chilena de Literatura*, 2-3 (1970), pp. 43-132. También art. cit. en n. 2.

recubre de un modo que las deja ver como las mismas:

> Todo está como entonces, el otoño
> y su difusa lámpara de niebla,
> sólo que el tiempo lo ha invalido todo
> con su pálido manto de tristeza.

El espacio rural está, además, ordenado y jerarquizado especial y temporalmente. Cada cosa ocupa un lugar que le es propio y en el cual llega a ser y se resguarda. En general, lo natural encuentra protección en lo cultural, es decir, en lo construído por el hombre: las golondrinas en la torre de la iglesia, el esplendor vegetal y el caracol en el jardín, las ovejas en el establo, el árbol en la arboleda, etc.[16].

Ahora —desde la experiencia adquirida en el espacio urbano— el poeta advierte que en el mundo rural la naturaleza no está contrapuesta al hombre y dada de antemano como algo extraño a él; por el contrario, ella es una morada predispuesta para el hombre. En el espacio rural no se oponen naturaleza y cultura, sino que la una es continuación de la otra. Los objetos y seres naturales están dispersos por la tierra y la actividad cultural del hombre ha de reunirlos de acuerdo a su mutua y prescrita conveniencia. La naturaleza es un conjunto de signos, un libro —con el paso de los siglos ya un tanto desordenado— propuesto a su lectura[17]. En este sentido,

[16] Recojo aquí algunas párrafos del *art. cit.* en n. 2.

[17] Indicaciones bibliográficas para la concepción medieval cristiana de la naturaleza como un libro, en J. Ritter (ed.), *Historisches Wörterbuch der Philosophie*,

la cultura no es sólo un acto de adecuación o acomodación a las cosas, sino un intento de perfeccionamiento y completación de la naturaleza según lo que en ésta se halla prescrito. En medio de este paisaje esencialmente armónico imperan también relaciones de comunión entre los hombres (versos 23-24, 57-60, 65-68). La casa paterna es el lugar de máximo resguardo. Desde su interior seguro, se contempla una exterioridad amablemente jerarquizada. La madre juega un papel central en este mundo. El poeta la representa como enfermera; un efecto, ella puede leer la naturaleza para curar los males que parecen característicos del espacio rural, a saber, la tos y la tristeza, enfermedades del cuerpo y del alma respectivamente, provocadas por la humedad y el tiempo. Un alquimista tardío, Crollius, señalaba hacia 1608 que « las hierbas hablan al médico curioso por medio de su signatura, descubriéndole... sus virtudes interiores, ocultas bajo el velo silencioso de la naturaleza » [18]. Esta representación de la naturaleza procede de la Edad Media (época a la que, sintomáticamente, se aproxima la conducta del padre en el poema). En el *Elucidarium* — una especie de compendio del saber medio de su tiempo, una obra ideológica de comienzos del siglo XII —

Darmastadt, Wissenschaftliches Gesellschaft, 1971, s.v. Buch der Natur. Una recopilación (muy incompleta y sin una interpretación histórica suficiente) en E.R. CURTIUS, *Europäische Literatur und lateinisches Mittelater*, Bern, Francke, 1948, cap. XV, pp. 321 y ss.

[18] D.O.M.A. CROLLIUS, *Tractatus de Signaturis Rerum Internis* 1608; trad. francesa, *Traité de Signatures*, Paris, 1624, p. 6.

se lee que en las hierbas está depositada la medicina del hombre y que el mundo es un tejido de correspondencias y símbolos [19]. Desde luego, la relación entre las violetas, la tos y la tristeza no es inmediatamente legible; más aún, las enfermedades y sus remedios se encuentran alejados y pertenecen a ámbitos distintos. Pero la madre puede leer la signatura de las cosas.

No obstante, no todos los mensajes son legibles. El mensaje acerca del origen de la vida y del mundo — manifiesto en la « inefable música secreta » de una arboleda que remite al mar, es decir, a « lo que en ola y ola / Dios a mi vista sin cesar creaba » [20] — es aprehendido como una comunicación, pero resulta indescrifrable. Para el hombre, son comprensibles los códigos *manufacturados* por el hombre mismo y ciertos mensajes de la naturaleza — sobre todo, los indicios de su *utilidad* —, pero no es inteligible la totalidad existente de antemano y, más aún, ex nihilo. El hombre puede, ciertamente, experimentar la sintaxis del mundo, pero le es inaccesible la visión de su totalidad — que incluye la trascendencia y se extiende ad infinitum. El sistema no es cerrado para el hombre porque implica remota, confusamente a Dios. La verdad puede ser aprehendida por el hombre — de acuerdo a la formulación escolástica — sólo imperfecta y secundariamente. La relación del

[19] « Elucidarium sive Dialogus de Summa totius Christianae Theologiae », *ML*, t. 172, pp. 1109-1176.

N. Parra, « Se Canta al Mar », *Poemas y Antipoemas*, Santiago, Nascimento, 1971 (la ed. 1954). En adelante: *PaP*.

hombre con la verdad es inversa a la que tiene la lejana divinidad: es la (im)posible adaequatio intellecti ad rem. Paralelamente, el arte es asumido y concebido como una imitación de la naturaleza en el sentido de un perfeccionamiento de ella —es decir, un ordenamiento de sus apariencias y una aproximación de estas apariencias a su esencia inalcanzable. También es, simultáneamente, imitación proporcional de la actividad creadora, lo que conduce al artista a la producción artística y al conocimiento de lo representado en la obra de arte. Así, en « Se canta al mar » se nos dice

> Voy a explicarme aquí, si me permiten
> con el eco mejor de mi garganta...
> Cuánto tiempo duró nuestro saludo
> no podrían decirlo las palabras.
> Sólo debo agregar que en aquél día
> nació en mi mente la inquietud y el ansia
> de hacer en verso lo que en ola y ola
> Dios a mi vista sin cesar creaba.
> Desde entonces data la ferviente
> y abrasadora fe que me arrebata:
> es que en verdad desde que existe el mundo
> la voz del mar en mi persona estaba [21]

El poeta canta, pues, con el reflejo mejor de su garganta, en un acto de imitación y completación de las cosas que son puestas, proporcional y analógicamente, más cerca de su esencia [22].

Pero el poema que centralmente nos ocupa

[21] N. Parra, « Se Canta al Mar », *PaP*, p. 66.
[22] Hasta aquí los párrafos citados de « Arqueología del Antipoema ».

—« Hay un día feliz »—, de manera semejante al « Beatus ille » de Horacio, tiene un cambio en los versos finales: el regreso ha sido una ilusión sostenida compasivamente frente a sí mismo y al lector, la aldea ya no existe, sus modos de vida han desaparecido. Contra todo intento, se hace evidente la imposibilidad del regreso; contra toda identidad, se constata la diferencia. El paraíso se ha perdido. Pero, ¿ha sido todo alguna vez así? En « Es Olvido », el poeta recuerda la figura de una muchacha en la que nunca vió el amor, la felicidad que ella le ofrecía:

> Si he de conceder crédito a lo dicho
> por la gente que trajo la noticia
> debo creer, sin vacilar un punto,
> que murió con mi nombre en las pupilas,
> hecho que me sorprende, porque nunca
> fue para mí otra cosa que una amiga[23].

La posibilidad de advenir a la comunión amorosa se perdió. Sólo más tarde el poeta se enteró, por otros, del verdadero sentimiento de ella hacia él. Pero existen unos versos de « Hay un día feliz » que niegan la posibilidad de acceder a la coincidencia entre vida feliz y conciencia de ello. Una estructura esencial de la existencia nos condenaría a una inadecuación permanente que concluirá sólo con la muerte:

> ¡Buena cosa, Dios mío!; nunca sabe
> uno apreciar la dicha verdadera,
> cuando la imaginamos más lejana
> es justamente cuando está más cerca.

[23] N. Parra, « Es Olvido », *PaP*, p. 62.

Esta afirmación parece también sugerir que en el mundo en que se ha vivido últimamente, esto es, en el espacio urbano, sólo ha tenido el poeta infortunio. « Preguntas a la hora del té » nos muestra un ciudadano decepcionado que contempla el campo desde una ventana, « a través de los visillos rotos », y siente el flujo irreparable del tiempo. En « Hay un día feliz » la esperanza, acaso la única esperanza, parecía abrirse con la posibilidad del retorno al espacio rural perdido. Pero este lugar de excepción ya no existe y es probable que *realmente* nunca haya existido. Poco más adelante, en un antipoema, « El Túnel », se hace claro que en el espacio rural las relaciones humanas están regidas por las mismas normas de hostilidad y explotación del prójimo que en el espacio urbano. La falta de creencia en la realidad del regreso y en la verdad de la forma de vida que se imagina y recuerda como propia del mundo rural — en « Hay un Día Feliz » — se advierte en la actitud que el poeta adopta respecto a los temas tratados y al lector. A una aparente (deseada) entrega del poeta al mundo imaginado se superpone, por una parte, la complicidad con el lector en una empresa común de autoengaño y compasión mutuas y, por otra, una ironización que da las señas de la fundamental impropiedad del carácter atribuído a este mundo. Los lugares comunes, la imagen cívica y poética de la vida, los fundamentos oficialmente adjudicados a la conducta, todo ello se revela como la legitimación fantástica de una ideología que, en su afán de afirmación y dominio, falsifica las situaciones reales y enajena las facultades de sus tareas propias y de la posibilidad de su convergencia final en el intento de perfeccionar la vida histórica. La poesía ha de ser capaz de plenificación existencial, ha de ser experimentada como verdad imaginal de una situación histórica. Cuando esta posibilidad se pierde, cuando determinada « imagen del mundo » ha dejado de corresponder al presente y quiere usurpar el lugar de éste, ella y su expresión se convierten en actividad represiva y ocultante de la realidad. Esta comprensión alienada de la poesía coexiste, en la primera parte de *Poemas y Antipoemas*, pese a todos los esfuerzos del poeta, con su negación o relativización irónica. Incluso está explícitamente expuesta al final de « Es Olvido »: « Hoy es un día azul de primavera, / creo que moriré de poesía », en que poesía es la actividad que imagina nostálgicamente el espacio inexistente de la felicidad perdida. Pero más allá del umbral que separa los poemas de los antipoemas, en « Los vicios del mundo moderno », se lee, en cambio, que « la poesía reside en las cosas o es simplemente un espejismo del espíritu »: antes también la poesía era comprendida como una adecuación a las cosas, pero a las cosas « poéticamente », es decir, ideológicamente sublimadas. Ahora —en el tránsito a la antipoesía, en medio de su trabajo expresivo y de la presión de sus experiencias reprimidas o deformadas— se le ha revelado al poeta que su concepto anterior de la poesía lo conducía a una falsificación o a una sublimación de la realidad y sus experiencias. Su tarea no ha de consistir en « poetizar » la realidad, sino en « realizar » la poesia, es decir, (re)producir en ella representaciones de la realidad. El primer paso declarado de este trabajo de liberación y conocimiento es la crítica de lo establecido en todos los planos alcanzables, tanto en lo real como en lo poético. Ya los poemas de la segunda parte del libro comienzan explícitamente este trabajo de desmitificación. La divinidad o las versiones difusas de ella —que aún parecen fundar vagamente el mundo— se desacralizan: San Antonio se debate en el vacío y tiene grabados en la frente los vicios capitales. Los símbolos de lo sublime son degradados y denunciados en su falsedad. La rosa —colligo virgo rosas— está llena de piojos. Recién es « Es Olvido » a una muchacha « triste y pensativa », « múltiple rosa inmaculada » se la enaltecía comparándola con una paloma. Ahora —en la segunda parte— las palomas son denunciadas como pájaros hipócritas —cual « el abad que se cae de gordo »— y malignos. En « Oda a unas palomas » —como señala Cedomil Goić— « en vez de dar lugar a la alabanza de las aves, que sería lo propio del género ódico y lo esperado después del título, tenemos una invectiva contra las palomas y todo un gesto lingüístico que ridiculiza y hace el denuesto de las aves » [24]:

> Sus estudiados vuelos, sin embargo,
> hipnotizan a mancos y cojos
> que creen ver en ellas
> la explicación de este mundo y el otro.

[24] C. Goić, « La Antipoesía de Nicanor Parra », *Los Libros*, Buenos Aires, 9 (1970), p. 6.

IV

Forma y contenido de la transición

El mismo año (1954) que Parra publicó *Poemas y Antipoemas* aparecen las primeras *Odas Elementales* de Neruda. Resulta instructivo (o por lo menos cómodo) contrastar brevemente la actitud de ambos poetas ante las palomas y el género ódico. Formalmente, Neruda continúa la tradición del género en el sentido de que sus poemas contienen una alabanza del objeto cantado (salvo escasísimas excepciones). La orientación de la mirada del poeta, sin embargo, ha cambiado. Ya no se canta sólo o de preferencia a los grandes héroes, estadistas o a las grandes manifestaciones de la naturaleza, según era norma en la literatura elevada. El poeta se ha vuelto a los objetos cotidianos y a las materias elementales de la vida. La naturaleza está representada en su dimensión socialmente útil o significativa[25]. Una de las novedades de la oda nerudiana es su atención a las cosas sencillas o la aparente sencillez de las cosas. Materias elementales como el aire, los átomos, el cobre, el mar, se entrelazan con comidas, sentimientos, poetas queridos y utensilios. La antigua disposición positiva del poeta subsiste, pero no su temática ni, por supuesto, sus anteriores visiones del mundo. Los recursos expresivos de la oda —los que Neruda selecciona— son llevados a una simplifica-

[25] R. PRING MILL, «Neruda de las Odas Elementales» en *Actas del Coloquio Internacional sobre Pablo Neruda*, Poitiers, 1979, pp. 259-298.

ción que le permite ampliar su recepción social. El tono elevado y serio de algunas partes de *Canto General* cede su lugar a una actitud irónica e incluso de gozoso humor lúdico. No obstante, el hablante de las odas retiene su posición elevada, rasgo que parece inherente a cierta concepción nerudiana del poeta y su misión (y que coexiste con otras disposiciones más materialistas). El objetivo programático de las odas está expresado en la voluntad del poeta de hacerse invisible como individuo, a fin de cantar la vida social, sus productos, alegrías y dolores. Es algo (como han notado los especialistas y muy en particular R. Pring Mill) que no siempre se cumple. Una profundidad intermitente subyace a las odas y deja aflorar (in)esperados jirones de poesía nocturna. La afirmación básica es, sin embargo, el canto a la dimensión luminosa de la materia y la vida.

Muy distinta es la relación del antipoeta con la oda y, en este caso, las palomas. De hecho, gran parte de la eficacia de su composición sobre estas aves (y en general de los poemas que constituyen la segunda parte de *Poemas y Antipoemas*) se basa en sus contrastes con el tratamiento tradicional de formas y contenidos en las odas.

La imagen heredada de la paloma es ambigua, pero puede descifrarse de acuerdo a dos tradiciones sucesivas en la historia y que, en parte, se mezclan. En la Antiguedad greco-romana, la paloma solía asociarse, como se sabe, con Venus y era símbolo del erotismo, aunque no exclusivamente. Cesare Ripa (*Iconologia,* Roma, 1593) observa que el carro de Venus « secondo Apuleo e tirato dalle colombe, le quali... sono oltre modo lascive, ne è tempo alcuno dell'anno, nel quale non stieno insieme ne i lor gusti amorosi ». La paloma como símbolo erótico fue representada frecuentemente en la pintura desde el Renacimiento[26]. Pero mucho antes —en el arte bizantino y en la escultura románica— aparece ya como símbolo del Espíritu Santo. En el temprano Renacimiento, Fra Angélico o Fra Filippo Lippi, entre otros, pintan la Anunciación y allí la paloma es símbolo del Espíritu Santo que fecunda milagrosamente a la Vírgen María. En numerosos Bautismos de Cristo aparece también representado al Espíritu Santo[27]. El Greco la transfiguró hasta la apoteosis

[26] Algunos ejemplos tempranos de palomas en contexto erótico: « Venus, Marte y Amor » del Perugino (Gemälde Galerie de Berlin) « Venus y Psique » de Rafael (La Farnesina), « Ninfa junto a la Fuente » (Gemälde Galerie de Kassel) y « Melancolía » (Museo de Copenhague) de Cranach; también el famoso « Venus, Cupido, el Tiempo y la Locura » (National Gallery) de Bronzino, « Venus y Amor » (en Auxerre) de A. Allori, « Adonis descubriendo a Venus » (en el Kunsthistorisches Museum de Viena) de A. Carracci, « Venus y Cupido » de G. Reni (en el Toledo Museum de Ohio), etc.

[27] Ya en el arte bizantino aparece la paloma como simbolo del Espíritu Santo (por ej. en el baptisterio de los ortodoxos de Ravenna). Sobre la paloma en la cultura bizantina, vid. J. DANIÉLOU, « La colombe et la tenèbre dans la mystique bizantine anciènne », *Eranos Jahrbuch*, 13 (1954), pp. 389-418; del mismo, *Les symboles chrétiennes primitives*, Paris, Du Seuil, 1961. Sobre la paloma en el románico, vid. M.M. DAVY, *Initiation a la symbolique romane*, Paris, Flammarion, 1964, pp. 124, 222, 251 et al. Un panorama general de los simbolos en M. SCHLESINGER, *Geschichte des Symbols*

irradiando luz desde las alturas. En el Antiguo Testamento (*Génesis,* 8) es también símbolo de la paz y la conciliación con Dios cuando vuelve al Arca de Noe con un ramo de olivas en el pico. San Mateo (*Evangelio,* 10.16) destaca su simplicidad. Esta característica le recoge siglos más tarde San Juan de la Cruz que emplea la imagen de la paloma para referirse al alma que busca a Dios: « Y llámala paloma, porque así la llama en Los Cantares, para denotar la senzillez y mansedumbre de condición y amorosa contemplación que tiene ». El mismo San Juan de la Cruz utiliza la escena del regreso de la paloma al Arca de Noe para simbolizar el retorno del alma a Dios « no solamente con victoria de todos sus contrarios », sino con « paz conseguida en la victoria de sí misma »[28].

Cada una de estas cualidades — su erotismo y lascivia incontroladas en las representaciones anti-

(orig. 1912), Hildesheim, G. Olms, 1967. Algunos ejemplos de la pintura del siglo XIV: el « Retablo de los Tejedores de Lino » de Fra Angelico (San Marco de Florencia), la « Epifanía de A. Vivarini (Gemälde Galerie de Berlin), la « Anunciación » de Fra F. Lippi (en la Galeria Nazionale de Roma), el « Bautismo de Cristo » de A. Verrocchio (en los Uffizi de Florencia) o tb. el « Bautismo de Cristo » de P. Della Francesca (en la National Gallery de Londres). En nuestros días — como dice LUIS BUÑUEL en su *Ultimo Suspiro,* Barcelona, Plaza y Janés, 1982, p. 128 — « en cuanto al desventurado Espíritu Santo, nadie se ocupa de él y mendiga por las plazas ».

[28] SAN JUAN DE LA CRUZ, *El Cántico Espiritual,* Canción XXIV (comentario). Cit. de la ed. de Clásicos Castellanos, Madrid, Espasa Calpe, 1952, pp. 255 y 257.

guas, su belleza como pájaro venusino, su espiritualidad y elevación ética, su simplicidad, mansedumbre y paz interior, su perfección y belleza moral en la representación cristiana— está vehementemente denunciada en la composición de Parra como una apariencia engañosa que encubre estudiadamente el verdadero ser de las palomas: su frialdad, falta de belleza, hipocresía, voracidad, beligerancia, oportunismo. Las palomas « se burlan de todo », hacen teatro, engañan a los hombres.

Uno de los primeros rasgos de las palomas que el poeta destaca es su fealdad y desproporción: tienen « enormes vientres redondos », que contrastan con sus « pequeñas plumas de colores ». Es críticamente significativo que muy poco antes de la composición de este texto, Neruda haya declarado a Amado Alonso que la paloma le parecía « la expresión más acabada de la vida, por su perfección formal »[29]. En « Desespediente » —poema de *Residencia en la Tierra*— una paloma sucia, contaminada, alude a la degradación de la vida en la sociedad moderna. Por el contrario, las palomas en la oda parriana

> más ridículas son que una escopeta
> o que una rosa llena de piojos.

Aquí el poeta introduce —con una determinación negativa— otra imagen plena de connotaciones

[29] P. Neruda, en A. ALONSO, *Poesía y Estilo de Pablo Neruda* (orig. 1941), B. Aires, Sudamericana, 1971, p. 228. Para rosa, rosales, id., op. cit., pp. 224-227.

tradicionales. La rosa era ya un tópico desde mucho antes de la céleste advertencia de Ausonio: « colligo virgo rosas ». Garcilaso exhorta —en su conocido soneto XXIII— a aprovechar el tiempo que « nunca se renueva », « en tanto que de rosa y azucena » se muestra la juventud en el rostro. En este poema y tantos otros que tratan de este tema, el *carpe diem,* se peralta la belleza presente de la juventud y su inevitable decadencia futura. A veces la perspectiva temporal se invierte y —como en un soneto de Quevedo— el poeta invita cruel, admonitoriamente a una anciana a contemplarse en el espejo, a constatar su juventud perdida, recordándonos, de paso, la inútil « ostentación lozana de la rosa »[30].

En la oda parriana —que prepara el camino de los antipoemas— el desengaño del mundo va más allá y, a la vez, no cuenta ya con el más allá, con la trascendencia. La imperfección de la rosa (y de la juventud, la belleza, el amor quizás) no surge del tránsito de una edad a otra, sino que está instalada en el mismo presente, en la plenitud misma de la rosa. Su belleza no es perfecta, está contaminada: los piojos la manchan y devoran en el momento de su plenitud misma. La aproximación del erotismo, la brevedad de la vida y la muerte en la imagen de la rosa —o en la inserción de la rosa como elemento de una imagen —había reaparecido con intensidad en Neruda, según lo registra Amado Alonso, pero

[30] F. DE QUEVEDO, *Obra Poética*, Madrid, Castalia, 1969, I, pp. 513-514 (soneto 338) y 488 (soneto 295). Ed. de J.M. Blecua.

provocaba un sentimiento trágico en el poeta y no una disposición cruelmente burlesca (que en realidad es una etapa o más bien un enmascaramiento del sentido tragicómico de la vida que asumirá el antipoeta en desarrollo).

Los versos siguientes insisten en la impostura de las palomas: sus « estudios vuelos » —recuérdese la paloma en lo alto de las representaciones de la Santísima Trinidad y su vuelo « alto y ligero » en San Juan de la Cruz:

> hipnotizan a mancos y cojos
> que creen ver en ellas
> la explicación de este mundo y el otro.

Pero en realidad su apariencia es un enmascaramiento. Son astutas y friamente inteligentes, como los reptiles[31]. Su fealdad, su gordura es, además, resultado de una voracidad desmedida, semejante a la del abad que —puede conjeturarse— predica la abstención de la carne en su sentido literal y figurado. Están atentas a la menor distracción para aprovecharse de los demás y explotarlos. En la versión original del poema entraban a saco en un edificio y se coronaban « con un nimbo de lodo » en mani-

[31] Cf. el famoso soneto de Góngora (238 de la ed. de *Obras completas* de Millé y Giménez) en que los labios de la mujer son comparados con flores, entre las que se oculta una serpiente, cuya mordedura mortal es, figuradamente, como la del amor: ... porque entre un labio y otro colorado / Amor está de su veneno armado, / cual entre flor y flor sierpe escondida » (Madrid, Aguilar, 1951, p. 452).

fiesto contraste con la aureola de luz — ya casi puro espíritu — con que suele ser sublimada en la pintura religiosa, por ejemplo, del Greco. Este verso fue reemplazado con posterioridad —en *Obra Gruesa* de 1969— por otro en que se les atribuye a las palomas un propósito más terrenal: apoderarse de la caja de fondos. Deambulando por las estancias de una casa o los lugares públicos, las palomas son, en realidad, aves de rapiña urbanas. Pero las imágenes con que se la denuncia y degrada proceden en su mayoría del ámbito rural: son tan atrevidas que « se paran en el lomo del toro », se comparan a una escopeta de caza o a las rosas, participan de la astucia que el campesino atribuye al zorro, de la frialdad de las culebras, de la avidez encubierta del abad (en otro poema de la segunda parte se habla de un cura rural que se hartaba « de carne y de huevos frescos » o de frailes mendicantes, es decir, aquellos que recorrían campos y aldeas). Esta red de referencias —que no es exclusiva, pero sí predominante— puede considerarse como otro indicio más del origen rural del poeta y su catárquico enfrentamiento con los modos de vida de la capital de la república, mundialmente periférica, pero incorporada a la modernidad.

La estrofa final del poema —que conserva aún relación con la estructura tradicional de la oda— cumple la función del épodo pindárico: invita a los oyentes —en este caso, a los lectores— a luchar junto al poeta (que les habría declarado la verdad) contra las palomas, enemigas del hombre y símbolo de una serie de alienaciones. La forma estrófica de esta oda tiende a la silva — combinación de endecasílabos y heptasílabos usados desde el Renacimiento para elevados temas —, pero algunos de sus versos son irregulares. Su rima es asonante, modalidad de la silva introducida por el modernismo, por ejemplo, por Rubén Darío en un poema — « Lo que son los poetas » — en que un sacerdote da una imagen sublimada de un poeta, pero en que tampoco se deja de observar, al final, su situación degradada social y económicamente. Suficientes rasgos formales y de contenido de « Oda a unas Palomas » — y, en general, de todos los poemas de la segunda parte del libro — configuran un claro momento de transición hacia los antipoemas. Quizás no sea posible decir que se trata ya de nuevo vino en los viejos odres, pero sí de vinagre que los corroe y hará saltar en pedazos.

V

Los antipoemas y las tradiciones culturales

En los antipoemas comienza — en el ámbito hispanoamericano — una lectura inédita de la condición histórica del hombre. En este sentido, son ellos también poemas, pertenecen al género literario, trasladan lo real histórico a la distancia de la imagen estética y proponen esta imagen a su plenificación existencial. Hacia 1954 constituyen el momento culminante de la evolución creadora de Parra. Son también el momento en que su escritura introduce una modificación relevante en el desarrollo de la poesía chilena e hispanoamericana. Desde ya — aunque Parra advierta que se trata de « una poesía a base de hechos y no de combinaciones o figuras literarias »[32] — la concretización y eficacia de la antipoesía se establece a partir de un contexto en que son emplazadas diversas tradiciones literarias y culturales. Desde el punto de vista de sus antecedentes inmediatos, habría que vincularla con la comedia de Aristófanes y su crítica a la sociedad ateniense, con las proyecciones del psicoanálisis freudiano, las peripecias de Carlitos Chaplin y la descripción de la existencia en Franz Kafka y en algunas obras de Jean Paul Sartre.

Su relación con la tradición de poesía culta en Chile es doble: por una parte, constituye una violenta ruptura con la poética establecida, esto es, con los modos de hacer poesía y comprender al poeta anteriores al vanguardismo, pero también es una contraposición decidida a algunos de los rasgos que adoptó parte de la poesía elaborada a partir del vanguardismo. Al discurso poético del modernismo, a la autocomprensión elevada de su poeta, a su sublimación de la realidad, al carácter « poético » de los motivos, personajes y objetos de que trataba, a su restricción programática de sus lectores, la antipoesía opone el carácter tradicionalmente no poético de su discurso y de gran parte de sus motivos, la nivelación del antipoeta y sus figuras con el resto de los ciudadanos, la desublimación, la búsqueda de con-

[32] Declaración de Parra en H. Zambelli, *Trece Poetas Chilenos*, Valparaiso, Imp. Roma, 1948, p. 79.

tacto con todos los lectores posibles, a los que se apela en tanto sujetos corrientes y no personalidades escogidas. Daría la impresión de que el antipoema tiene en común con los poemas del modernismo y el mundonovismo su supuesta « claridad poética ». Pero esto es sólo apariencia: en realidad, en el antipoema el lugar común poético es reemplazado por el lugar común prosaico (si se me permite hablar así), es decir, por un modo de claridad poéticamente sorprendente.

Justamente esta claridad — de cuya supuesta transparencia habría que hablar — es uno de los rasgos de la antipoesía que la distingue de un sector importante de la poesía chilena de mediados de los años treinta: la poesía hermética — o reconocida como tal por los críticos — que se relaciona con poetas como Vicente Huidobro, Humberto Díaz Casanueva, Luis Omar Cáceres, Rosamel del Valle, Neruda mismo antes de *España en el Corazon* (1937). Aunque éste no es el único rasgo en que la antipoesía se opone a la producción poética inmediatamente anterior. La empresa antipoética de desublimación alcanza también a los fuertes residuos de sacralización del poeta — del poeta vidente — que arrastraba la escritura de Díaz Casanueva o alcanza, todavía con más intensidad, a la posición elevada e incluso profética desde la que cantaba el poeta de muchos poemas de *Canto General*.

Pero la antipoesía tiene también rasgos en común con los tipos de poesía surgidos del vanguardismo de los años veinte y treinta. Así, por ejemplo, en la producción poética de Neruda se constata ya desde antes de *Residencia en la Tierra* la presencia notoria de usos adverbiales, construcciones de gerundio, ilativos de orígen prosaico, palabras tradicionalmente proscritas de la poesía como calzoncillos, ligas de señora, masturbaciones, etc. Pero esta apertura lingüística no llega a la amplitud que tiene más tarde en el discurso antipoético, sobre todo, porque no incorporó regularmente frases hechas y estructuras sintácticas caracteristicas de discurso cotidiano, científico, político, ec. Los varios niveles de significación —que no remiten a códigos preestablecidos como en la Edad Media—, la incongruencia que se establece a menudo entre estilo y asunto, la agresividad con el lector —que es también una forma de encubrimiento emocional—, la sucesión de acontecimientos y palabras heterogéneas, la enumeración (aparentemente) caótica, la desublimación de la figura del poeta, la amplificación del campo de experiencia, el fragmentarismo son formas y contenidos que Nicanor Parra ha recogido del vasto taller de la poesía elaborada desde el vanguardismo. La asumpción de estos materiales no significa, por cierto, que la antipoesía se reduzca a ser un mero reflejo o prolongación colonizada de las novedades de otras literaturas. Todo lo contrario. Una de las características más sostenidas de la producción parriana ha sido la propiedad con que, en general, ha integrado las más diversas fuentes al desarrollo de su escritura.

Como el propio Parra lo ha declarado en muchas ocasiones, materiales de la poesía universal le han llegado, sobre todo, al través de la literatura de lengua inglesa: T.S. Eliot, W.H. Auden, L. Mc Neice y antes Withman y Robert Browning. Pero este no es el único canal. Baste pensar en la fuerza liberadora que le suministró el dadaísmo.

A estas alturas de su producción poética —que abarca desde *Cancionero sin Nombre* de 1937 hasta *Artefactos* (1966-1970)— se hace claro que no sólo las tradiciones literarias « elevadas » e institucionalmente reconocidas pueden conectarse con la antipoesía y su desarrollo. El mismo Parra —siguiendo una tradición de la vanguardia— se ha ocupado de reconstruir una genealogía de su disidencia. Hay fuentes que están en relación directa con la elaboración y concepción de los antipoemas y otras que fueron siendo descubiertas a posteriori, pero que legitiman u otorgan cierto espesor histórico, críticamente negativo, a la actitud antipoética. Entre las primeras —y como una fuerza liberadora decisiva en sus comienzos— hay que mencionar la poesía popular chilena. No sólo las décimas y cuecas en que se tocan la vida y la muerte, niños o ancianos prematuramente fallecidos, versos de ciego, versos carcelarios. También textos y una leyenda circunscrita a un tiempo y un espacio determinados: los de Domingo Zárate Vega, más conocido como el Cristo de Elqui [33]. Antes de su liberación —en la etapa de

[33] Sobre el Cristo de Elqui — que habría reaparecido en la tierra hacia 1930 — recuerda *Ercilla*, N. 2050 (1974): « commoción produce en Chile la noticia de que Cristo, seguido de lo doce apóstoles y la Vírgen, apareció predicando en el pueblecito de Hurtado, en el interior del valle de Elqui... lleva la barba larga partida en dos y una caballera ondeada, larga y exótica.

los « Poetas de la Claridad » — su utilización de fuentes populares se apoyaba en la autoridad, irrebatible con ese entonces, de la poesía y la personalidad de Federico García Lorca.

Mucho más tarde — hacia 1965 y en relación a momentos posteriores a *Poemas y Antipoemas* — su búsqueda de fuentes ha conducido a Parra hasta los poetas de la disidencia medieval, es decir, hasta los goliardos y *clerici vagantes,* pero ante todo, hasta el Archipoeta de Colonia, fulgurante personaje de origen y nacimiento desconocidos, al que se atribuyen corrosivas composiciones sobre la sociedad y las instituciones de su tiempo. Retrocediendo más aún, se fascina ante los poetas de la *Antología Griega,* uno de los cuales advierte al lector:

Aquí no se habla de monarca alguno ante sus dioses.
Tampoco de las penas de Medea o la llorosa Níobe.
Aquí no encontrarás mención de Itis en el tálamo.
y nunca una palabra acerca de los cisnes.
Antiguos poetas han hablado suficiente de estas materias.
Yo canto la Belleza y el Amor, yo canto el Vino,
que nada tienen en común con estos melodramas [34].

En un paisaje biblico predica junto a murallas de adobe, bajo las copudas higueras elquinas, mientras los primeros fieles llenos de unción e ingenuidad le oyen, admitiendo como nuevos los textos del Sermón de la Montaña o parábolas puestas al día... ». Domingo Zárate Vega publicó varios libros de sus prédicas en verso, entre ellos, *El Campo de la Ciencia en Poesía,* Iquique, Tip Top, 1936.

[34] Estrato de Sardis, « Lectori Salutem » (XII, 2). Cit. de D. FITTS, *Poems from the Greek Anthology,* Wesport, Conn., Greenwood Press, 1978, p. 1. Ed.

En suma, determinadas tradiciones literarias, cultas y populares, oficiales y disidentes, confluyen en la producción de la escritura antipoética, se reencuentran e integran en ella, alcanzando una capacidad comunicativa inédita e históricamente relevante.

VI

El lector de los antipoemas

Ya el primer antipoema nos advierte que la relación con el lector es otra que en la poética tradicional. No se satisfacen sus costumbres (vicios), con la repetición de modelos literarios o formas institucionalizadas de comunicación lírica (formas que provienen de la poética modernista y también de modalidades vanguardistas que se han institucionalizado y convertido en sujeto de « experiencia estética », adorno social). El discurso antipoético rechaza la complicidad de sus lectores con el poeta en una empresa común de sublimación estética. Por eso — aunque no sólo por eso — la nueva relación se hace explícitamente agresiva:

El autor no responde de las molestias que pueden oca-
[sionar sus escritos:
aunque le pese
el lector tendrá que darse siempre por satisfecho.

crítica de la Antología en H. BECHBY, *Anthologia Graeca*, I-IV, München, Heimeran, 1957.

Los últimos versos de esta « Advertencia al lector » le informan:

Los pájaros de Aristófanes
enterraban en sus propias cabezas
los cadáveres de sus padres.
(Cada pájaro era un verdadero cementerio volante).
A mi modo de ver
ha llegado la hora de modernizar esta ceremonia
¡y yo entierro mis plumas en las cabezas de los señores
[lectores!

Esta agresividad con el lector es uno de los rasgos más sostenidos del antipoeta como hablante. No surge del entusiasmo de quien quiere comunicar la novedad antipoética; surge de la exasperación, de la desesperación ante lectores poco preparados para establecer contacto con la antipoesía, para tomarla en serio. Quizás por ello el antipoeta ataca lingüísticamente a sus lectores por varios costados. El tono habitual de su discurso, la inserción de lugares comunes, frases hechas, sintaxis coloquial tiene que parecer familiar a sus lectores (u oyentes: estos antipoemas son más bien para ser escuchados que para ser leídos). Pero los fragmentos de discurso familiar están incorporados a un discurso que incluye también — como veremos — fragmentos de discurso culto, citas literarias y científicas; además, comunica mensajes que producen desconcierto. Esta incongruencia entre los varios segmentos del discurso y su referencia inhabitual es una de las causas del shock que ocasiona a sus lectores.

En su nivel más superficial, la agresividad del antipoeta es una reacción automática de autodefensa ante la hostilidad del medio ambiente. Pero es también una máscara para encubrir su sensación de desamparo. En momentos de extrema desesperación se deshacen las últimas capas de su maquillaje, se le cae la máscara por un instante y solicita, ruega — a los mismos a quienes ha comenzado por agredir — compasión, ayuda:

Ustedes se peinan, es cierto, ustedes andan a pie por
[los jardines,
debajo de la piel ustedes tienen otra piel,
ustedes poseen un séptimo sentido
que les permite entrar y salir automáticamente.
Pero yo soy un niño que llama a su madre detrás de
[las rocas,
soy un peregrino que hace saltar las piedras a la altura
[de su nariz,
un árbol que pide a gritos se le cubra de hojas [35].

El antipoeta necesita comunicarse con el prójimo. Para conseguirlo echa mano de todos los medios a su alcance. Utiliza esquemas retóricos que han mostrado su eficacia en plena vía pública, lugar de confluencia transitoria de todos los individuos y capas sociales. Habla como un vendedor callejero o un charlatán de feria. Apela a los restos de humanidad que supone que han de quedar aún en los pasantes encapsulados en sí mismos y en sus asuntos personales. Apremiado por su gran urgencia se dirige a ellos:

Atención, señoras y señores, un momento de atención:

[35] N. Parra, « El Peregrino », *PaP*, pp. 82-83.

Volved un instante la cabeza hacia este lado de la re-
[pública,
olvidad por una noche vuestros asuntos personales,
el placer y el dolor pueden aguardar a la puerta:
una voz se oye desde lado de la república.
¡Atención, señoras y señores! ¡Un momento de atención!

Un alma que ha estado embotellada durante años
en una especie de abismo sexual e intelectual...
desea hacerse escuchar por ustedes[36].

Pero la mercadería que este sujeto ofrece — su interioridad, su propia persona desgraciada — no atrae mayormente la atención del público. No es apetecible. No puede ser consumida. Su desamparo, su necesidad de comunicación pueden conmover de pasada y conminar a la ayuda social, pero constituyen a la vez una amenaza de la que los transeúntes huyen con rapidez. Su caso es el caso de todos y, oscuramente, nadie quiere auscultar más adentro de su personalidad impostada, sustituída desde la lejana infancia por formas y contenidos introyectados. Un balance del resultado de sus esfuerzos por comunicarse — que es provisional y al antipoeta le parece definitivo — se expone en otro texto:

Ellos leían el periódico
o desaparecían detrás de un taxi.
¡Adónde ir entonces![37].

Los instantes de paroxismo ceden, sin embargo, su lugar a una actitud media de *simulación*, en que

[36] N. PARRA, « El Peregrino », *PaP*, p. 82.
[37] N. PARRA, « Recuerdos de Juventud », *PaP*, p. 86.

el antipoeta deambula provisto de su máscara social (que con el tiempo llegará a ser cambiante):

Lo mejor es hacer el indio.
Yo digo una cosa por otra [38].

Pero su necesidad de comunicación —su compleja y contradictoria motivación— no podría satisfacerse con la representación y oferta de sus simulacros personales y las máscaras sociales. El antipoeta quiere sacar al lector de su enajenación, advertirle de los falsos caminos a la pseudofelicidad. Quiere mostrar sus propias impostaciones y las de los otros, denunciar el carácter opresivo e inhumano de la sociedad moderna y sus instituciones. La antipoesía aspira a tener una función liberadora que, en el mejor de los casos, sólo puede cumplir negativamente. Quiere producir un reconocimiento de la situación real, ya que no está en condiciones de comunicar conocimiento. Por eso, el antipoeta no promete nada y aclara:

Mi poesía puede perfectamente no conducir a ninguna [parte [39].

No es esta sólo una declaración de irresponsabilidad alegremente asumida. El antipoeta no se lava las manos, pero no se siente culpable de no comunicar una respuesta, una visión coherente que unifique la experiencia, le de un sentido e indique hacia

[38] N. Parra, « Rompecabezas », *PaP*, p. 78.
[39] N. Parra, « Advertencia al Lector », *PaP*, p. 76.

los *chemins de la liberté,* tan buscados en esos años. La antipoesía es una crítica estética que, por cierto, va más allá de la denuncia del anacronismo poético, es decir, por ejemplo, más allá de la denuncia de las concepciones postmodernistas, que se habían convertido en una pura sublimación estética y, con ello, en parte integrante del aparato institucional represivo. Por ello también, su advertencia respecto a los limítes de la antipoesía se expresa por medio de la negación crítica de las majestuosas pretensiones de André Breton, según el cual « ahora [hace 30 años] se sabe que la poesía debe llegar a alguna parte », es decir, a la realización de un estado del ser humano en que « la vida y la muerte, lo real y lo imaginario, el pasado y el futuro, lo comunicable y lo incomunicable, lo alto y lo bajo, dejan de ser percibidos contradictoriamente » [40].

El antipoeta procura establecer contacto con lectores que se instalen en el nivel de « todos los mortales », es decir, no con lectores que, falsamente infatuados, se mantienen en la postura de un personaje elevado y partícipe de un círculo selecto de iniciados. El antipoeta busca ampliar el espacio de la recepción de su discurso hasta alcanzar la generalidad (concreta) del prójimo. Incorpora al discurso, por ello, recursos expresivos del habla corriente y de los medios usuales de información, pero también — y esto parece contradictorio — elemen-

[40] A. BRETON, « Les Chants de Maldoror », rec. en *Les Pas Perdus,* (1924), Paris, Gallimard, 1969, p. 69 y « Second Manifeste du Surréalisme » (1930) en *Manifestes du Surréalisme*, Paris, Gallimard, 1967, pp. 76-77.

tos de códigos especializados, como el de la ciencia, la filosofía, la teología, la historia, etc. En este sentido, no puede decirse que el discurso antipoético no plantee exigencias al lector. De hecho, supone más bien otras exigencias que el discurso y la escritura poética institucionalizada. Ya en « Advertencia al lector » — el primer antipoema — hay diseminadas varias referencias culturales. Aparece mencionado Sabelius, agitador religioso de la antigüedad tardía, perseguido por la iglesia oficial empeñada en la hegemonía absoluta. También el discurso implica a la figura de Wittgenstein, al Círculo de Viena y a Aristófanes. Los cuatro, formalmente, representan una actitud crítica: ante la religión institucionalizada, ante las posibilidades de la filosofía y ciertos usos del lenguaje, ante las costumbres de la sociedad ateniense de su tiempo. Por último — en unos versos en que invita a la elaboración de un lenguaje radicalmente nuevo — el antipoeta echa mano del episodio, históricamente dudoso, en que Cortés habría quemado sus naves para impedir a sus compañeros el abandono de la conquista de México:

Conforme: os invito a quemar vuestras naves,
como los fenicios pretendo formarme mi propio alfabeto.

La interpelación final de « Advertencia al lector » recuerda una escena de *Los Pájaros* de Aristófanes. En ella, la cabeza de los lectores es comparada con un « cementerio volante », es decir, desplazable y sin arraigo, en que el antipoeta entierra no sólo los *cadáveres exquisitos* del surrealismo, sino todos los materiales heterogéneos — ¿ fecundos como todo lo que se pudre? — de su nueva escritura y los contenidos que comunica. Los antipoemas aproximan —como sabemos— lo alto y lo bajo, lo popular y lo culto, lo insólito y lo corriente, lo banal y lo profundo. En este sentido, puede decirse que los antipoemas hablan a varios niveles, pero en general con la tendencia o, al menos, el propósito de retener como núcleo constituyente el discurso corriente, eso sí, trasladado de su situación comunicativa original a la situación comunicativa del arte.

VII

Recursos expresivos de la antipoesía

Notoriamente, la antipoesía establece una (re)composición novedosa de los contenidos y formas de la comunicación poética en el ámbito de la literatura de lengua española. El aspecto más visible de esta cambio —el que primero llama la atención del lector— se refiere al lenguaje. Este continúa siendo parte de la experiencia estética, lo que parece ser un rasgo constitutivo de la literatura —o de la poesía en particular— frente a otros géneros de discurso.

La ruptura de la antipoesía con las normas poéticas institucionalizadas es total. La negación y destrucción de las concepciones modernistas y mundonovistas había sido llevada a cabo —en el ámbito nacional e hispanoamericano, que es la referencia inmediata de la producción parriana— por el vanguardismo y, en particular, también en un período de la producción poética de la figura de máximo prestigio de entonces: Pablo Neruda. En los poemas de *Residencia en la Tierra* (1925-1935) había introducido términos tales como sastres, legumbres, cuarteles, sapos (bien que dulces sapos), gordas, flacas, fornicaciones, medias y ligas de señora (estamos en los años treinta), ascensores, camisas, toallas, calzoncillos, etc. Son palabras tradicionalmente no poéticas que, tal como los gerundios, adverbios, ilativos, rupturas sintácticas, etc. se insertaban en un estilo que retiene, con todo, cierta solemnidad derruida e inexorablemente profana. En los antipoemas esta solemnidad no existe — « los poetas bajaron del Olimpo »[41] — y también se han incorporado al verso frases y fragmentos de la conversación cotidiana, frases hechas, fórmulas del discurso científico y, sobre todo, estructuras sintácticas que proceden del discurso coloquial y, a veces, de otros géneros del discurso y la comunicación social. Los versos aparecen ahora articulados por una sintaxis que, por lo menos, parece *fuera de lugar*, aunque cumple inesperadamente bien sus nuevas funciones comunicativas. Frases hechas, giros lingüísticos como « lo mejor es hacer el indio », « yo digo una cosa por otra », « el autor no responde por las molestias que puedan ocasionar sus escritos », « según los doctores de la ley », « reducir a polvo », « palatea como un niño de pecho », alguien es « azote de las fuentes de soda », « antes de entrar en materia », « atención

[41] N. PARRA, *Manifesto*, Santiago, Nascimento, 1962.

señoras, un momento de atención» insertan una desconcertante eficacia en el discurso antipoético.

Como ya sabemos, el antipoeta introduce tambien —en este especie de discurso abierto que es el antipoema— formas lingüísticas de los más diversos medios de comunicación social y de masas. Las formas de la lección magistral, de la propaganda religiosa y de los vendedores ambulantes, de la narración oral y escrita —como lo observó tempranamente Pedro Lastra—, del estilo científico, de la burocracia, de la radio y, más adelante, de la televisión, del discurso funébre, del reportaje, la confesión, el sermón religioso, las inscripciones de los baños públicos, etc., alteran su función original y se llenan de contenidos insólitos y contradictorios para su recepción ordinaria. En todos los niveles de esta *dislocación* expresiva opera el mismo procedimiento básico, que consiste en trasladar los recursos lingüísticos —o de otra especie— desde el contexto en que son tradicionalmente experimentables hasta el nuevo contexto antipoético. En virtud de este desplazamiento, producen en el lector un efecto análogo al del *objet trouvé* del surrealismo. Por esto, quizás no sea desmedido sostener que uno de los rasgos diferenciales del discurso antipoético —frente al discurso poético tradicional y frente al discurso de muchos poetas surgidos del vanguardismo— sea la sustitución del lugar común poético, seriamente usado, por el lugar común de la prosa corriente que, trasladado de lugar —es decir, incorporado a la estructura del verso— adquiere una sorprente capacidad expresiva. Este procedimiento de traslación permite también que en la superficie del texto antipoético afloren jirones de la poesía anterior —de la agonía romántica, por ejemplo— que, sometidos a la luz contrastante del nuevo entorno, develan sus dimensiones más risiblemente patéticas o al menos transfiguran su sentido poético anterior.

El mismo principio de translación —al servicio de la desublimación— está activo también en la incongruencia que se establece a menudo entre las palabras y sus referencias, es decir, entre temas y objetos tradicionalmente «elevados» y una terminología que —segun las normas ideológicamente institucionalizadas— correspondería mas bien a temas, acontecimientos y objetos indignos de tratamiento poético. Una inadecuación de este tipo se manifiesta, por ejemplo, en «Rompecabezas», en que el sujeto antipoético pregunta por el origen y causa final de ser humano concebido como un compuesto de cuerpo y alma:

¿Para qué son estos estómagos?
¿Quién hizo esta mescolanza?

Esta inadecuación trae como consecuencia la alteración de las asociaciones normales de términos y frases —tanto en la cadena sintagmática cuanto en la paradigmática— y da como resultado imágenes inesperadamente corrosivas:

Lo que me llena de orgullo
porque a mi modo de ver
el cielo se está cayendo a pedazos [42].

[42] N. PARRA, «Advertencia al Lector», *PaP*, p. 76.

Una parte de estos conflictos asociativos —que son un medio de expresión antipoético— se produce en el encuentro de una denotación inédita de las palabras —por ejemplo, en el problema metafísico del cuerpo y el alma— con sus connotaciones normales (que se refieren a elementos de la cintura para abajo, como diría el propio Parra). Las tensiones entre denotaciones y connotaciones son un rasgo importante del discurso antipoético. Más adelante, en *Versos de Salón* (1962) se hacen un medio de expresión frecuente:

Señora y señores
yo voy a hacer una sola pregunta:
¿Somos hijos del sol o de la tierra?
Porque si somos tierra solamente
no veo para qué
continuamos filmando la película:
Pido que se levante la sesión.

La utilización irónica de este y otros recursos —como la parodia— no debe ser malinterpretada. No es indicio de que el antipoeta posea algún dominio o conocimiento *seguro* sobre el mundo o siquiera sobre sí mismo (como es el caso en Campoamor, por ejemplo). Por el contrario, la perspectiva o la actitud irónica es una mediatización defensiva que encubre y desencubre al mismo tiempo la situación desesperada del antipoeta. La actitud irónica aparece intermitentemente en el discurso antipoético y, por ello, no lo relativiza o determina en toda su extensión. El hablante parece más bien oscilar entre el control —en este caso, irónico— y el descontrol de sí mismo y su discurso. A veces — como en « Los vicios del mundo moderno » — la parte final del texto adquiere la apariencia del una conclusión silogística. La precede una enumeración desigualmente acelerada — que llega a ser implacable y nos envuelve a todos — de las más diversas actividades alienantes que constituyen la totalidad inalcanzable de la vida moderna, en que los propios industriales « sufren a veces el efecto de la atmosféra envenenada ». Pero la racionalidad de la conclusión es sólo aparente: mejor dicho, es una parodia que subraya la imposibilidad de alcanzar, deductiva o inductivamente, conocimiento sobre esta totalidad. La parodia es, precisamente, otro de los recursos expresivos y cognoscitivos más importantes de antipoema[43]. De hecho, debajo de los controles y conocimientos parciales del antipoeta — que da a entender que en su búsqueda utiliza incluso los instrumentos del empirismo logico — se manifiesta el más profundo desamparo y desconcierto. La extraordinaria intensidad de ciertas imágenes — que iluminan intermitentemente una superficie abisalmente impenetrable —, su falta de coherencia y continuidad, su vertiginosa sucesión en que el *ritmo* adquiere capacidad icónica con respecto al contenido, hacen saltar las apariencias sociales y todo concluye — histriónicamente — en un acto gratuito:

[43] J.M. Ibañez Langlois fue el primero en señalar la importancia de la parodia en los antipoemas. Vid. ahora su « La Poesía de Nicanor Parra », en N. PARRA, *Antipoemas*, Barcelona, Seix Barral 1972, pp. 21-23.

Por todo lo cual
cultivo un piojo en mi corbata
y sonrío a los imbéciles que bajan de los árboles.

En otras ocasiones —como en « Soliloquio del Individuo » con que significativamente finaliza el libro—, la exploración de la realidad histórica no está subordinada a formalizaciones prestablecidas de este tipo, siendo la declaración última una consecuencia inmediata del extravío del protagonista en una realidad de la que no aprehende sentido alguno.

Característica reiterada del discurso antipoético es, no obstante, su incapacidad para representar o siquiera referir la totalidad real. Este fracaso cognoscitivo y expresivo se encuentra comunicado incluso en antipoemas completos, como « Solo de Piano ». Reaparecen allí algunas metáforas tradicionales que representan la brevedad de la vida: « un poco de espuma que brilla en el interior de un vaso », pero también expresiones tautológicas que no logran aprehender el sentido de las cosas:

Ya que nosotros mismos no somos más que seres
(como el dios mismo no es otra cosa que dios).

Poco antes, en un « Madrigal » —que, por cierto, no lo es de manera tradicional—, el antipoeta ha intentado aprehender el sentido de la existencia en una metáfora totalizante —la de la vida como una carrera de caballos—, pero advierte a poco andar su insuficiencia y destruye sus pretensiones de totalidad, prolongándola en una referencia (que puede ser interminable) a las objetividades contiguas:

Ya me he quemado bastante las pestañas
en esta absurda carrera de caballos
en que los jinetes son arrojados de sus cabalgaduras
y van a caer entre los espectadores.

Con ello, no sólo se ha determinado más concretamente la imagen, sino que se ha reorientado el discurso en la *dirección metonímica* que, acaso inconscientemente, toma con relativa frecuencia el antipoema. Quizás el fracaso en la aprehensión del sentido de la vida y de la totalidad desemboque en una búsqueda metonímica o en una sinécdoque siempre frustrada. Subjetividad y objetividad se experimentan sólo de manera fragmentaria. El protagonista deambula por la realidad escindida y contradictoria en busca del prójimo y de conocimientos. El hablante procura dar cuenta de esta búsqueda, cuyo propósito no conseguido es la integración —¿reintegración?— de la subjetividad aislada en el nosotros y la elaboración de un conocimiento de la realidad y de sí mismo. Y aunque el antipoeta no accede ni a la comunión ni al conocimiento— rechazando, de paso, representaciones del mundo y estilos devenidos históricamente insuficientes—, sí tiene éxito en comunicarnos imágenes del reconocimiento de su situación y una situación social concreta, que es la de su entorno; es decir, en entregarnos materiales para un probable conocimiento. Su escritura exhibe plena conciencia práctica de sus deficiencias —« me vanaglorio de mis limitaciones »— y de las deficiencias del discurso poético inmediatamente anterior, incluído el de grandes figuras de la disidencia.

El antipoeta no sólo « traslada tumbas de lugar ». Como hemos visto, también traslada vocabulario, frases hechas, esquemas sintácticos, fragmentos orales o de otros textos, integrándolos a su discurso — como el resto de los materiales — por medio del *montaje* [44]. Los cortes en la cadena verbal no surgen, así, en correspondencia con relaciones de homogeneidad internas a las partes, que se habrían hecho más independientes entre sí que en la obra tradicional. En realidad, son fragmentos — tanto desde el punto de vista del contenido como de la forma — que establecen otras relaciones que las que habría en la obra tradicional. Ya no hay la « continuidad de relaciones » que exigía Schiller y que fue destruida violentamente, entre otros, por Lautréamont. El montaje antipoético vuelve a romper la apariencia de conjunto acabado que tenían las obras anteriores al vanguardismo. Introduce no sólo fragmentos lingüísticos no elaborados por el autor. La intervención esencial del antipoeta está en el corte y en la operación de ensamblaje. De su taller mecánico salen obras en que los fragmentos no coinciden en sus terminaciones. Los huecos de las junturas se hacen expresivos y dejan ver algo. El antipoema parece no terminado, pero es una estructura en que sus formas y materiales representados no son homogéneos

[44] Sobre el montaje en Parra, ver en este mismo libro el trabajo sobre « La Antipoesía y el Vanguardismo ».

ni se subordinan a la sucesión natural, es decir, convencional, socialmente institucionalizada, del tiempo. Su cadena significante no es sólo una acumulación o una sucesión de formas, materiales, referencias, imágenes, sino que sostiene una nueva estructura que, a primera vista, es visible ya como mera conformación mecánica o exterior: a veces, el antipoema comienza con una advertencia y continua con una exposición de intenciones que —como en « Advertencia al lector »— concluye con una « declaración de guerra » (para llamarla de algún modo). « Solo de piano » es formalmente una enumeración de condiciones que justifican —en su acumulación fragmentaria— la decisión del antipoeta. Las admoniciones de « Las Tablas » persuaden al protagonista —inesperadamente— para adoptar la conducta contraria al contenido de las advertencias sagradas. El último antipoema reconstruye la historia del hombre considerado bajo la forma de individuo y adviene a la conclusión —que sólo se desprende de esa manera de relacionarse con el material histórico y que sólo patológicamente puede hacerse extensiva al total empírico de experiencia contenida en el conconjunto— de que « la vida no tiene sentido ».

Quizás pueda conjeturarse que la eficacia del discurso antipoético —de este ensamble de fragmentos— sea básicamente metonímica (o alegórica en el sentido propuesto por Benjamin, si no entiendo mal, de una alegoria que no surge del contexto original de los fragmentos y que no alcanza a trapasar la fisura entre las partes y el todo, es decir, no alcanza jamás a aprehender el todo que intenta). De este modo, ciertas imágenes o escenas se transforman también en significantes:

Durante el baile yo pensaba en cosas absurdas:
pensaba en unas lechugas vistas el día anterior
al pasar delante de la cocina,
pensaba en un sinnúmero de cosas fantásticas relacio-
[nadas con mi familia[45].

O bien:

¡Adónde ir entonces!
Yo pensaba en un trozo de cebolla visto durante la cena
y en el abismo que nos separa de los otros abismos[46].

De esta realidad impenetrablemente abisal, de los códigos oficiales que procuran recubrirla de una apariencia respetable, del discurso crítico, filosófico, popular, medio, burocrático, comercial, etc. extrae el antipoeta gran parte del arsenal de sus recursos expresivos. Son ellos materiales de segunda mano o incluso material de desecho. Yo diría que las modificaciones esenciales —las que más contribuyen a diferenciar el discurso antipoético— provienen del discurso cotidiano, de la lengua hablada. Semejante a un *bricoleur* poseído por la ira, la desesperación o la ironía, a veces, el amor, construye sus mensajes de denuncia y de búsqueda de conocimiento y del prójimo con los restos de la sociedad que acusa y en la que sobrevive y se debate.

[45] N. Parra, «Notas de Viaje», *PaP*, p. 79.
[46] N. Parra, «Recuerdos de Juventud», *PaP*, p. 86.

La inadecuación —o incongruencia, para usar la terminología de Hugo Friedrich— más palpable de esta búsqueda es la que se establece entre la precisión que alcanza el discurso y la desconcertante impenetrabilidad de las materias a que apunta. Mucho se ha discutido sobre esta aparente (y en parte efectiva) precisión o claridad. Para Enrique Lihn, la antipoesía « es más retorcida que una oreja ». Para otros, más bien lo contrario: « Juego liviano... de poeta menor absoluto »[47]. Claridad de la expresión, nitidez de las imágenes, montajes alucinantes, extraña mezcla de lo abstracto y lo concreto, de lo banal y lo profundamente inabarcable, (des)enmascaramiento. El antipoema llegará a ser —en la producción venidera— como un palimpsesto. A medida que se raspe, asomarán más estratos (o no asomaran) de significación y referencia a una realidad y a un sujeto dispersos y desgarrados en su relación.

VIII

a) *Del campo a la ciudad*

El conjunto de poemas y antipoemas connota cierta estructura narrativa. Los poemas y antipoemas no se suceden como dos formas claramente separadas e inmediatamente contrapuestas. Las tres partes

[47] E. LIHN, « Definición de un Poeta », *Anales de la Universidad de Chile*, 137 (1966), p. 36; V. Castro, *Poesía Nueva de Chile*, Santiago, Zig Zag, 1953, s.v. Nicanor Parra.

en que se divide el libro —cuyo título opone sólo dos formas— indican ya un tránsito de un extremo a otro, un desarrollo en que ciertos rasgos de la etapa final (final en este conjunto) contaminan a las anteriores o, mejor dicho, realzan la presencia incipiente de estos rasgos en los primeros poemas. Pero no sólo el desarrollo temporal de estos tres momentos genéricos nos entrega materiales para la reconstrucción de una historia del antipoeta. Como ya lo notó Pedro Lastra (y antes Idea Vilariño) gran parte de los textos del conjunto nos comunican acontecimientos —no necesariamente en su orden cronológico—, representan una historia fragmentaria, son la narración de las experiencias del antipoeta que, de esta manera, se hace medio expresivo intencional de sus sentimientos, ideas, sensaciones. Pero también —y esto es decisivo para la recepción de sus contenidos— son expresión no voluntaria del sujeto que habla y la situación en que se encuentra[48].

Este sujeto —el antipoeta en tanto hablante y en tanto protagonista— viene de un pueblo de provincia, de un ámbito rural. Hemos visto que parte de los poemas evoca —ya desde la ciudad— este ámbito como un espacio de resguardo, un mundo en

[48] Respecto a la función expresiva (en la terminología de K. Bühler) o de indicio (en la terminología de Husserl) no hay que olvidar, por ejemplo, que un hombre puede fingir por teléfono una voz femenina, utilizando engañosamente la función expresiva, etc. Pero parece poco probable que el hablante pueda controlar del todo la expresividad de su discurso. Este puede manifestar —sin intención del hablante— aspectos de su estado psiquico.

que la naturaleza, la cultura, el individuo, la familia y la comunidad descansan en una armonía esencial. Este mundo ya no existe para el sujeto poético (más adelante, quedará claro que no ha existido nunca) y, por tanto, al retorno a él es imposible. Es en la dura e inesperada experiencia de la ciudad que surge la necesidad compensatoria de idealizar el espacio del origen.

La primera composición del libro —una « Sinfonía de cuna » que entona el recién llegado— presenta al hablante ya en el escenario urbano y nada menos que en « un parque inglés ». Da la impresión de haberse adecuado rápidamente a las nuevas condiciones y se muestra lo bastante atrevido como para controlar las relaciones con un ángel (una mujer necesitada urgentemente de compañía o una prostituta) que le ha dirigido la palabra. La calificación de angelorum que le da —probablemente porque no le parece muy santa ni agraciada, tal vez entrada en años y en carnes— es ya un indicio de la distancia que toma y de que quiere darnos —a nosotros y a ella— la impresión de seguridad, de cierto cinismo y desenfado que surge de su conocimiento de la vida. Es ella quien se le acerca —lo que es sintómatico— y él le contesta en francés, sugiriéndonos, de paso, su cosmopolitismo. Procede a desnudarla con frialdad —como en una vivisección— y nos la exhibe, más allá de su aparente ardor y atractivo, como un personaje fatuo, calculador, gordo y feo. La manera como denomina a esta mujer es ligeramente ambigua en su ironía: ella es un angelorum, pero también un angél. Su fealdad es semejante a la del lector, que es directa y sorpresivamente interpelado, ya que la agresividad del sujeto poético se dirige también hacia él. Debe observarse que el hablante concibe al lector como individuo aislado y no como parte o representante de un conjunto orgánico (una comprensión que se prolongará a lo largo de los antipoemas). La agresividad del hablante podría no ser más que una respuesta. Es aún una agresividad un tanto festiva, alegre, como la de un despreocupado paseante —un joven en busca de aventuras—, al que nada parece afectarle mucho. Es la máscara con que se encubre el recién llegado que procede a desenmascarar a los habitantes de la ciudad y —en su inexperiencia frente a los más avisados— se pasa de listo.

El protagonista arriba a la gran ciudad dispuesto a abrirse paso por la vida. Llega con una visión idealizada de las posibilidades que tiene cada individuo en la ciudad moderna —él mismo es « un joven de escasos recursos »—, posibilidades que parecen ilimitadas para quien posea aptitudes y aspire a una formación profesional. Allí —y no en los limitados horizontes de la provincia— podrá alcanzar una profesión, establecer relaciones sentimentales y eróticas con mujeres interesantes, ascender socialmente en virtud de sus méritos, quizás mejorar económicamente, en suma, realizarse como individuo. La imagen positiva de la gran ciudad no está registrada en los antipoemas —de su desmoronamiento se alimenta la sublimación nostálgica de la provincia—, pero podría reconstruírse a partir de los desengaños que el protagonista va sufriendo en sus experiencias en este nuevo espacio (en su sucesión y acumulación). Diseminados en los textos hay también indicios de su procedencia social; es « hijo mayor de un profesor primario / y de una modista de trastienda », ciertas tías poseen tierras y animales, pero parecen no tener dinero para un administrador. En « Autorretrato » — de la segunda parte — aparece ya desencantado: es « profesor en un liceo oscuro ». No es muy viejo, pero está prematuramente envejecido y no se han cumplido sus espectativas respecto a la ciudad: trabaja excesivamente, apenas sobrevive « para ganar un pan imperdonable / duro como la cara del burgués ». No ve ya salida ni alternativa alguna para su vida. El horizonte se ha cerrado (o se le ha revelado en sus verdaderas dimensiones). Ha perdido incluso la voz, es decir, su medio de trabajo y comunicación. Participa o más bien advierte a sus alumnos (en versos que recuerdan su estilo anterior):

Sin embargo, yo fui tal como ustedes
joven, lleno de bellos ideales,
soné fundiendo el cobre
y limando las caras del diamante:
aquí me tienen hoy
detrás de este mesón incorfortable
embrutecido por el sonsonete
de las quinientas horas semanales.

Habitar en pensiones no ha sido fácil para el joven universitario; su vida privada no ha tenido espacio adecuado o propio de desarrollo; incluso cuando mantenía conversaciones erótico-sentimentales por teléfono, de pronto

... la dueña de la pensión aparecía detrás del biombo
interrumpiendo bruscamente aquel idilio estúpido,
aquellas contorsiones de postulante al cielo... [49].

b) *Incomunicación y desamparo*

La situación característica del protagonista de los antipoemas es la *deambulación.* Sus desplazamientos en la ciudad —inicialmente orientados al cumplimiento de las metas que se había propuesto confiado en el medio y en sus medios— se van transformando progresivamente en una búsqueda de contacto y comunicación; también en una búsqueda de la verdad. Pero sus intentos de acercamiento al prójimo siempre fracasan:

Ellos leían el periódico
o desaparecían detrás de un taxi [50].

El protagonista es (se cree) un sujeto libre. En sus comienzos, goza del anonimato, es una garantía de su futuro: en la ciudad no existen las limitaciones que lastraban su vida en provincia; no está presente la mirada del otro, que lo conocía y era siempre una persona conocida. En la ciudad debe (y aparentemente puede) realizar su libertad abstracta. El escenario de sus movimientos son las calles, plazas, parques y jardines, instituciones públicas, cines, fuentes de soda. Su habitación —provisoria— son las casas de pensión. Sus citas tienen también lugar

[49] N. PARRA, « La Trampa », *PaP*, p. 95.
[50] N. PARRA, « Recuerdos de Juventud », *PaP*, p. 86.

provisoriamente en restaurantes y otros lugares de confluencia social, incluida « la puerta de una iglesia de cuyo nombre no quiero acordarme »[51]. Pero siempre el otro, el prójimo, los otros individuos se escabullen. Parecen retirarse, apenas se dirige a ellos, a un espacio privado inaccesible. El protagonista no consigue ir más allá del espacio público: a medida que se acerca, el umbral de la interioridad ajena —tanto psíquica como social— se aleja, incluso cuando alcanza a penetrar en « las casas particulares ». No hay « intérieur » para el protagonista. Su sensación reiterada es la de un mundo que se le niega:

Lo cierto es que yo iba de un lado a otro...
yo iba de un lado a otro, es verdad.
Mi alma flotaba en las calles
pidiendo socorro, pidiendo un poco de ternura[52].

Por eso, se siente desesperadamente solo, en estado de extremo desamparo:

Pero yo soy un niño que llama a su madre detrás de las [rocas
Soy un peregrino que hace saltar las piedras a la altura [de su nariz,
Un árbol que pide a gritos se le cubra de hojas[53].

Una experiencia reiterada —y que le procura un desengaño tras otro— es aquélla en que el proji-

[51] N. PARRA, « La Trampa », *PaP*, p. 96.
[52] N. PARRA, « Recuerdos de Juventud », *PaP*, p. 86.
[53] N. PARRA, « El Peregrino », *PaP*, p. 83.

mo lo engaña, lo consume y explota. Ello le ocurre no sólo en el trabajo —como hemos visto en « Autorretrato »—, sino también en su tiempo aparentemente libre, en el tiempo de sus contactos y afinidades electivas. El desengaño alcanza a sus relaciones más intimas, aquéllas en que él pretende construir su « nido de amor » (que verá transformarse en un nido de víboras).

c) *La mujer: de victima a victimaria*

Las relaciones del protagonista con las mujeres son conflictivas y conducen —de los poemas a los antipoemas— a diversos modos de irrealización o frustración amorosa. En « Es olvido » —poema de la primera parte— una muchacha de provincia está vista como « una inmaterial y vaga compañía ». Ella le había ofrecido al protagonista un amor del cual éste no se percató sino en el momento de su muerte y al través de terceros que le comunicaron la noticia. El poeta la recuerda como una « múltiple rosa inmaculada » y « como una paloma fugitiva » que se pierde en el cielo. Pero ya sabemos que más adelante en este tránsito —en « Oda a unas palomas »— aparece « una rosa llena de piojos », es decir, contaminada *en realidad*, manchada en su apariencia y, análogamente, en su substancia, si se la observa más atentamente. En el mismo poema, las palomas eran denunciadas como aves calculadoras que simulaban la inocencia que permitía hacerlas símbolo de espiritualidad y pulcritud moral. Desde este punto de vista

— que está en la base de la situación del hablante — la imagen de la muchacha emerge de la sublimación rememorativa no obstaculizada — no contaminada — por la realidad de una experiencia amorosa en el pasado. Entre este poema y los de la segunda parte — en que se incluye la « Oda a unas palomas » — media no sólo la sustitución de una forma genérica por otra, sino, más radicalmente, la experiencia objetiva en que se funda esta sustitución genérica, esto es, la (in)voluntaria y, al parecer, irresistible inmersión del (anti)poeta en la realidad social.

« Canción » — de la segunda parte — nos comunica ya una representación desublimada de la mujer. Todo el poema surge de la inquietud acerca de su identidad real. Las primeras imágenes la exhiben en un movimiento de caída, en que se deploma « como la araña que pende / del pétalo de una rosa » o cae más pesada e inevitablemente, como el sol a la hora del crepúsculo. La mujer cae en la tierra o, mejor dicho, en la cama. El acto sexual la atrae irresistiblemente. Reaparece su comparación con una flor: el hombre procede a deshojarla, es decir, a destruirla. Su penetración también está representada como un acto de violencia, como una herida que, paradójicamente, le produce placer. El clímax de su goce lo alcanza cuando se rompe o deshace « como una copa » [54].

[54] Vid. R.M. Rilke — conocido en Chile por traducciones de Yolando Pino —, *Sonette an Orpheus*, Leipzig, Insel, 1923, II, XIII, p. 47: « Aquí entre los que se van, en el reino de lo fugitivo / sé una copa que vibra y se deshace en su vibración ».

La relación amorosa está comprendida aquí como un acto de violencia en que la mujer es víctima de la penetración, de una violación, un acto que le hace daño, pero que desea « con ira ». El poeta —sintomáticamente— se complace en degradar la figura de la mujer (o necesita oscuramente hacerlo) por medio de metáforas y comparaciones que son lugares comunes de la poesía tradicional y la conversación. Pero en una de ellas —utilizada inversamente— la compara con el mar, más precisamente, compara su movimiento en el acto sexual con el movimiento de las olas que, al golpear en la costa, producen la impresión de ser penetradas por ésta. Este no es el único indicio de que en la aparente pasividad de la mujer hay oculta una dimensión activa. Su cuerpo atrae también al hombre: el poeta lo reconoce, como de pasada, al situar su aparición en medio de un extraño y enervante paisaje:

> Tu cuerpo relampaguea
> entre las maduras pomas
> que el aire caliente arranca
> del árbol de la centolla.

La atmósfera de maduración y de exasperante caldeamiento del verano parece ser la que contagia de deseo al poeta y no el cuerpo de la muchacha que, de hecho, se destaca en el paisaje, destella. La estrofa final intenta también encubrir la fascinación que la mujer ejerce en el hombre, esto es, reducir su actividad a un movimiento de aproximación y entrega a su victimario, el cual, por su parte, da la impresión de no sentirse afectado por ella. Pero esta simulación —mantenida a lo largo del poema— no logra encubrir del todo las perturbaciones que la mujer provoca en el hombre. De ellas es expresión ya la inseguridad del poeta respecto a la verdadera identidad de la mujer que no sólo cae o yace —o se desenrolla en los brazos del hombre—, sino que también se *incorpora* como Venus emergiendo de las aguas, es decir, surge frente al hombre en postura para ser adorada como una diosa siempre renacida. La propia erección del hombre — « el duro cristal que te vuelve loca » — ha de ser necesariamente provocada por ella, pero el poeta no lo reconoce. De ahí que —para encubrir este hecho— la estrofa final deja todas las iniciativas en manos de ella: su actividad consiste en su entrega, es ella quien viene al hombre y se le ofrece de víctima. Pero ya hay indicios de que no sólo ella se sacrifica y de que no sólo ella está sometida al éxtasis y destrucción erótica.

Los antipoemas —de la tercera y última parte— representan a la mujer y los intentos amorosos del protagonista en un estadio más avanzado de paroxismo y de alienación. « La Trampa » recuerda aún « los encantos de la vida galante » de sus comienzos en la universidad, es decir, relaciones mediatizadas por ese espacio público que es la universidad, en que la vida de los jóvenes parece sustraerse temporalmente a las relaciones sociales en que viven afuera. Son probablemente los años en que —desde el espacio urbano y, dentro de este horizonte, la vida universitaria— se entrega al recuerdo sublimante del tiempo pasado en la provincia. « Solo de Piano »

— en un tono de melancólica meditación sobre la vida — nos vuelve a la realidad de las calles, del espacio público en que deambula y del espacio privado — reservado a otros — inaccesible. En este antipoema aparece la mujer contrapuesta, en tanto objeto de consumo sexual del que se ha usado excesivamente. Su consideración genérica, anonimizante, no impide que el antipoeta reconozca que ella es parte del « cielo en el infierno », esto es, aún fuente de felicidad, bien que degradada. En « Recuerdos de Juventud », las mujeres le dirigen « miradas de odio » que le hacen perder el control sobre sus nervios. Con ellas concurre a lugares públicos de diversión, mueve las caderas — no sólo en el baile — hasta el agotamiento. Pero no se produce la alegría, la distensión. Los bailes son « fúnebres », es decir, su efecto es el contrario del que busca. En un antipoema anterior — « Palabras a Tomás Lago » —, las « quintas de recreo », supuestos lugares de esparcimiento, son comparados con « mataderos de seres humanos ». El contacto con la mujer, la experiencia de comunicación, no tiene lugar. El sujeto antipoético no se pacifica o realiza: al contrario, se exaspera aún más.

« La Víbora » es uno de los antipoemas más importantes y tiene por tema justamente las relaciones del antipoeta con una mujer. Algunos críticos hacen descender esta figura femenina — esta « belleza medusea » que atrae y destruye a los hombres — de la lejana poesía provenzal, hasta que « en passant par l'exaltation romantique de la femme fatale, parvient dans la poésie de langue espagnole à une nouvelle expression presque métaphysique de l'amour séducteur en tant que puissance universelle, dans le modernisme de Rubén Darío avec le poème "Era un aire suave" »[55]. Yo la veo más bien participar bastante directamente de los rasgos de la *vamp* que inmortalizó el cine de Hollywood, aunque trasladada de lugar. Es una vampiresa criolla que no actúa en escenarios fastuosos (Gilda) y tampoco habita en mansiones exclusivas (Rita Hayworth), sino — degradada — en oficinas de pequeños empleados, en piezas de alquiler, en el departamento de su amante de pocos recursos o en un cuarto redondo en que se cuelan las ratas mientras hacen el amor. El antipoeta aparece ahora como víctima — y no ya victimario — de esta mujer: ella lo atrae irresistiblemente (casi) y lo explota económica y sexualmente. La « víbora » es ardiente y calculadora, actúa motivada tanto por su pasión como en función de sus planes. Suele presentarse a la oficina del protagonista « completamente desnuda » — lo que es una exageración estilística —, con el propósito de dominarlo del todo e incorporar su « pobre alma a su órbita ». El protagonista debe trabajar, sufrir humillaciones, transgredir la ley, para no « caer en descrédito ante sus ojos fascinantes », que parecen hipnotizarlo como los de una serpiente. La víbora — « víbora » se llamaba a la mujer intrigante en el vocabulario cotidiano de esos años — logra aislarlo de sus amigos y de su familia, en la que debe incluirse a la madre, que le daba resguardo y confianza (aunque en « Las

[55] C. Goić, « L'Antipoésie », *Études Littéraires*, 6, 3 (1973), p. 386.

Tablas » se revelen otras dimensiones de su relación con ella). El protagonista es práctica y moralmente un prisionero de la víbora, que busca liberarse, aunque no en todo momento. Su relación con ella es contradictoria, sustentada en experiencias inconciliables. Ella le atrae y repugna a la vez. Pero ni siquiera en este momento de extrema alienación, el amor aparece reducido, para el protagonista —como afirma una estudiosa norteamericana— a su aspecto sexual. Es la represión ambiente —sostenida por el peso de la ley, la ideología y las costumbres— la que intensifica aún más esta dimensión del erotismo y la concentra en ciertas partes (prohibidas, encubiertas) del cuerpo. Ella se le ha entregado —creo que también por su fijación erótica con él— y el protagonista reconoce que ha habido « horas de comprensión » (por más que el antipoeta revista de ironía esta frase). Al entregarse, la mujer ha transgredido la ley y los prejuicios. El protagonista se ha realizado sexualmente con ella, de manera imperfecta, degradada, frustrante, es cierto, pero intensa. Hay en él cierta complicidad con ella (en seguida veremos que no sólo porque ambos transgreden la ley en conjunto). Para la víbora, la relación erótica no se consuma en la pura sexualidad liberada, en su satisfacción instintiva y en el consumo sexual del otro: a menudo —y como medio de un proyecto— es una inversión a largo y mediano plazo (como lo ha observado ya Leonidas Morales). Al final del poema, la víbora ofrece a su amante —lo que es indicio de que no sólo quiere utilizarlo sexualmente— el capital que ha ahorrado. Así, podrán comenzar una nueva vida y emprender juntos « un negocio productivo ». Este capital no es, creo, sólo un medio más para reapropriarse del amante, atrayéndolo por medio del interés económico. La mujer propone al protagonista retirarse a un lugar suburbano — a una parcela — en que ella construirá una casa en forma de pirámide, es decir, de templo y monumento funerario. En este retiro en forma de tumba — y « no lejos del matadero » — instalarán su « nido de amor » (un nido de víboras) en que pasarán « los últimos días » de su existencia común. La liberación sexual traiciona o desfigura, así, su pura base instintiva y se aparta aún más del erotismo y la pasión amorosa, envolviendo en sucesivas alienaciones a ambos miembros de la pareja. La mujer dominante, posesiva, calculadora se hace — en el cumplimiento de sus propios planes — víctima de la alienación y cosificación de la sociedad en que vive.

Pero el protagonista rechaza de plano las proposiciones de su ex amante: no está dispuesto a participar en este moderno « abandono de corte » y retiro del mundo, esto es, en este sacrificio de su vida en el templo (y tumba) de la víbora. Su desconfianza ante los planes de la mujer y sus sentimientos verdaderos se confunden con su temor a la entrega amorosa. El antipoeta anhela la comunión amorosa, pero sus experiencias negativas lo han vuelto cauteloso, su búsqueda está ya mediada por mecanismos que defienden el acceso a su intimidad, entre otros, por *la máscara* que intenta cubrir su expresividad espontánea. Es verdar que tampoco él juega limpio con la mujer y con sus lectores. De pasada — restándole importancia, como si ocultara una culpabilidad— nos revela que está casado, que tiene hijos ya mayores, que su mujer puede denunciarlo por adulterio y dejarlos « en la miseria más espantosa ». Su estado civil ha hecho subtrepticia, clandestina, incluso sórdida la relación con la víbora y, por cierto, ha limitado fuertemente su reconocimiento público y su desarrollo. La fuerza de atración de su amante no ha bastado para romper los vínculos legales que atan al protagonista. La instrumentalización racional —el usufructo económico— que sugiere la víbora de sus sentimientos le sirve de pretexto al antipoeta para realizar la ruptura que lo alejará de ella y del temor a la entrega y un nuevo fracaso. El empleo paródico del vocabulario del amor sublime —degradado a la condición de *Kitsch* en el cine de Hollywood y en el dramón mexicano—; su aplicación a un personaje de la clase media baja y no a una princesa rusa (Greta Garbo haciendo llorar y soñar a las señoras de la pequeña burguesía y de la otra); la exageración con que el antipoeta describe la conducta de la víbora —aparece desnuda en su oficina o provista de « un pequeño taparrabos »— para subrayar su desparpajo y falta de gusto, revelan no sólo lo que el antipoeta intenta comunicarnos: su sensación de alivio por haberse salvado de su destrucción en manos de la víbora, sino también una necesidad moral de autojustificación y —en un nivel menos aparente— su empeño en (des)encubrir su desamparo. Porque en los últimos versos, el antipoeta deja caer agotado su máscara, se deshace su sonrisa y —descorriendo él mismo todos los velos— deja ver su verdadera situación: no puede más y le pide a ella, *a pesar de todo*, ayuda, asistencia:

> Traéme un poco de agua, mujer,
> consígueme algo de comer en alguna parte,
> estoy muerto de hambre,
> no puedo trabajar más para ti,
> todo ha terminado entre nosotros.

d) *Los vicios del mundo moderno*

La disposición del protagonista oscila entre el agotamiento —físico y, sobre todo, nervioso— y la protesta. Sobre la base de la acumulación de sus reiteradas experiencias negativas —de desengaño, de frustración erótica, explotación, indiferencia, desamparo, incomunicación— fermenta en él una poderosa fuerza y necesidad de denuncia. El antipoeta poseído por una especie de paroxismo —anterior a cualquier disposición ética o meditativa— denuncia la alienación generalizada que obstaculiza la realización de la vida.

« Los Vicios del Mundo Moderno » es un impresionante testimonio de esta denuncia. Comienza con el relato de la omnipresencia de los « delincuentes modernos » en los « parques y jardines » de la gran ciudad. Operan con total impunidad porque están « autorizados », por cierto, no explícitamente por la ley, pero sí por las transgresiones institucionalizadas en la práctica social. Ya en este punto se insinúa un permanente desajuste entre la ley y la conducta, que caracterizaría la vida moderna. El punto de vista del antipoeta presenta los acontecimientos aún de un modo algo divertido. Pero su discurso se transforma muy pronto en una enumeración (caótica) que va acelerándose y llega a ser un vertiginoso, alucinante desfile de personajes y acontecimientos. Entre estos vicios —una serie abierta— se incluye no sólo « el afán desmedido de poder o de lucro » o « el comercio clandestino de blancas realizado por sodomitas internacionales », sino también « la exaltación de lo onírico y del subconsciente en desmedro del sentido común » y « las gotas de sangre que suelen encontrarse entre las sábanas de los recién desposados », es decir, la virginidad premarital; también —y curiosamente— « la exaltación del folklore a categoría del espíritu ». La aparición conjunta de actividades condenadas socialmente como vicios y otras que no lo son —y a menudo se ven como tablas de salvación— es indicio no sólo de las preferencias del antipoeta, de su disposición crítica anterior a cualquier enunciado, sino, a la vez, reflejo de su desconcierto y de su « desastroso estado mental »[56].

Su enumeración podría continuarse indefinidamente y jamás lograría abarcar la proliferación incontrolada de vicios, que parecen aumentar en proporción geométrica. El antipoeta la interrumpe —por lo menos dos veces— para sacar conclusiones generales que, no obstante, no se inducen del material heterogéneo en que pretenden fundarse ni alcanzan a cubrir la totalidad social a que se refieren. El mismo proce-

[56] N. Parra, « El Peregrino », *PaP*, p. 82.

dimiento cognoscitivo está viciado por el descontrol del sujeto que lo lleva a cabo (aunque no sólo por ello). De hecho, el antipoeta no contempla a la sociedad moderna como un espectador —imposiblemente situado fuera de ella—, sino como alguien que está integrado en ella, casi podría decirse desintegrado en ella y, por cierto, contaminado. No sólo rechaza y denuncia los vicios; también se siente fascinado por algunos de ellos, por su apariencia estética, por ejemplo —sólo apariencia: « espejismo del espíritu » —, o por sus promesas de gratificación erótica que, sin embargo, por la cosificación del erotismo, le conducen a profundas frustraciones. Atracción y repulsión ante las partes —ciertas partes— y la totalidad inabarcable caracterizan su actitud. No debe verse en él una disposición cínica y menos aún despreocupadamente hedonística —del que decide y elige—, sino anterior a cualquier reflexión ética que se apoye en categorías ya inválidas para este mundo (que ni siquiera ya es « mundo »). La vida en la sociedad moderna —cuyo lugar privilegiado es la ciudad— se le manifiesta y la experimenta *personalmente* como un caos. No se le escapa la racionalidad a que está sometida la vida social, pero sus experiencias le hacen desconfiar de ella. Las motivaciones y resultados —los vicios— de esta aplicación de la razón instrumentalizada le hacen estremecerse. El mismo ha visto —como lo manifiesta en « Autorretrato » — degradarse su cuerpo y su espíritu; se consume en un trabajo que no le permite cubrir sus necesidades elementales. En la sociedad moderna impera la injusticia social. Al revés que en el lejano futurismo y en los primeros poemas del creacionismo de Huidobro, va en las máquinas y, en general, la tecnología, como instrumentos de tortura, parte de los mecanismos de destrucción de la vida individual y comunitaria. Percibe una des-organización básica — y no sólo aparente — de la sociedad y el individuo. La alienación afecta a los que venden su trabajo — es decir, su tiempo y el producto de su trabajo —, pero también alcanza a los industriales mismos que « sufren a veces el efecto de la atmósfera envenenada » y « junto a las máquinas de tejer suelen caer enfermos del espantoso mal del sueño ». La producción en esta sociedad — como se sabe — no está orientada exclusivamente a satisfacer necesidades sociales, sino que, para ampliar las ganancias, promueve necesidades artificiales de consumo, consumiendo, de paso, las materias primas del planeta y las necesidades verdaderamente humanas. La sociedad es invadida por un mercado en continua expansion, que penetra hasta las dimensiones más íntimas de la vida, sustituyendo sus formas y contenidos por los que la propaganda y la persuasión ideológica introyecta en los individuos. Ya no sólo le es arrebatado al individuo el tiempo de su trabajo, sino también su tiempo libre. Su individualidad tiende a ser una pseudoindividualidad. Los intereses encontrados — de los diversos grupos económicos y sociales — de este modo de producción transforman la gran ciudad — en diversos grados en sus diversos barrios — en una especie de « selva de asfalto ».

He aquí la experiencia de la sociedad moderna que expresa el antipoeta. Por las calles se desplazan los individuos encubiertos por sus respectivas máscaras sociales y aparentando no llevarlas o ser, naturalmente, lo que parecen o dicen ser. Cada uno intenta sacar ventaja del otro o, por el contrario, defenderse de la expoliación: *homo homini lupus*, sonriente, urbanamente. La masa no está representada en los antipoemas. El espacio público está atravesado por individuos —o máscaras— que salen de sus refugios privados y procuran retornar a casa con algo de botín entre las manos. Los individuos constituyen, en esta representación, un agregado que alcanza unidad relativa sólo en función de su reconocimiento ideológico como nación o en función de su ensamblaje en la maquinaria social. Su exterior es una máscara y su interioridad está también en gran parte, ocupada, sustituida por una pseudoindividualidad masificada.

Un viaje a la provincia de la infancia —que constituye el sustento narrativo de « El Túnel »— le hace al protagonista dolorosamente evidente que también allí predominan los principios de la gran ciudad. Dos ancianas tías le solicitan ayuda. Le escriben en « un lenguaje de otra época » que disfraza aún más sus verdaderas intenciones. Debe interrumpir sus estudios —tan necesarios para sus proyectos de vida— y « romper con los encantos de la vida galante » porque se siente moralmente obligado a asistirlas. Además —como revela al final del antipoema— ellas le han atraído también con « falsas promesas » económicas. Permanece allí cuatro años hasta que, una noche, mirando por el ojo de una cerradura —un acto indebido, una transgresión a la confianza que ellas le han depositado — se entera de que su tía paralítica « caminaba perfectamente sobre la punta de sus piernas ». También allí — en el espacio rural sublimado — impera el enmascaramiento social y la explotación del prójimo; también allí ha pasado *realmente* el tiempo y no hay resguardo en la familia, hay desamparo. El espacio rural participa de los rasgos esenciales de la sociedad moderna, está integrado en ella (esta representación se confirma más tarde en « Viaje por el infierno », un infierno en que aún sobreviven los « lugares sagrados »). El antipoeta vuelve a la realidad « con un sentimento de los demonios ».

e) *Naturaleza e Historia*

El espacio de esta realidad — en los antipoemas — es abrumadoramente urbano. Las vastas extensiones del océano, los grandes ríos y volcanes, las playas desiertas, selvas australes, tormentas y lluvias, el cielo infinito, los planetas, los cuatro puntos cardinales que — según Huidobro — son tres: el sur y el norte, no existen — o casi no existen — en la antipoesía. La naturaleza aparece encerrada en el espacio urbano y, en general, reducida a « parques y jardines », es decir, a ornato municipal. Es una naturaleza cultivada, regulada — violentada — en su crecimiento y extensión por criterios de utilidad pública: es adorno, lugar de esparcimiento, dudoso pulmón de oxígeno. El propio antipoeta parece comprenderla así, esto es, participar de cierto olvido colectivo de su amplitud —de su modo de ser envolvente— y de su diversidad:

Ya que los árboles no son sino muebles que se agitan:
no son sino sillas y mesas en movimiento perpetuo[57].

El desmoronamiento de la representación de la naturaleza en que ésta era portadora de los signos de su perfección y era indicio de su origen —destrucción que se expresa en los primeros poemas del libro— no ha conducido al antipoeta a la experiencia de la diversidad de la naturaleza ni a la experiencia de sus manifestaciones fuera del espacio urbano. En el horizonte de los antipoemas —que es el horizonte del ciudadano— la naturaleza está vista, en general, como un vasto depósito de materias primas que pueden ser transformadas y consumidas. La mujer —en tanto sujeto pasivo— es comprendida por el protagonista como objeto de consumo y conquista sexual. En el proceso general de cosificación e impersonalización de las relaciones humanas, el erotismo aparece, así, reducido a pura relación sexual, sostenida en una degradada visión de su base instintiva, que se encubre como un impulso vergonzoso, no reconocido por la hipócrita moral de su tiempo. Los residuos de la naturaleza y los deshechos de la sociedad moderna —los artefactos dados de baja— van a parar a los gigantescos basurales que comienzan a surgir alrededor de las ciudades como un área de categorización ambigua, interpuesta entre la civilización y la naturaleza (la propia antipoesía

[57] N. PARRA, « Solo de Piano », *PaP*, p. 85.

echa mano de materiales de deshecho en los basurales literarios —llamemóslos así—, desperdigados en la ciudad y la historia).

En algunos antipoemas alcanza expresión fragmentaria, sin embargo, otra experiencia de la naturaleza en que ésta reaparece en toda su diversidad y extrañeza respecto al espacio y los productos de la civilización. Ello acontece cuando por azar —en el cansancio, la exasperación, la neurosis— se desvía la atención del antipoeta y se concentra —imprevistamente— en restos naturales que pierden, por un momento, su envoltura urbana. Adquieren la forma del *objet trouvée* o, mejor dicho, ocupan su lugar, ya que en realidad estas materias —antes de ser alimento o basura— recuperan su apariencia natural violentada, su inquietante fuerza y desorden. Así, a bordo de un transatlántico en « Notas de viaje »:

Durante el baile yo pensaba en cosas absurdas:
pensaba en unas lechugas vistas el día anterior
al pasar delante de una cocina,
pensaba en un sinnúmero de cosa fantásticas relaciona-
[das con mi familia.

O bien, desesperadamente solo en su deambulación, se pregunta:

¡Adónde ir entonces!
A esas horas el comercio estaba cerrado;
yo pensaba en un trozo de cebolla visto durante la cena
y en el abismo que nos separa de los otros abismos [58].

[58] N. Parra, « Recuerdos de Juventud », *PaP*, p. 86.

Una experiencia análoga —sólo que no referida a fragmentos externos de naturaleza, sino a la naturaleza humana misma— está contenida en « Palabras a Tomás Lago ». Su tema general —un tópico— es la transitoriedad de la vida, su temporalidad que la hace una pérdida constante. El poema tiene la forma de una advertencia, de una incitación a la meditación dirigida a su amigo y a los propios lectores: « las personas que nos escuchan ». El antipoeta recuerda su primer encuentro casual con Tomás Lago en un restaurant de su ciudad natal, en la que ambos están de paso:

Te vi por primera vez en Chillán
en una sala llena de sillas y mesas
a unos pasos de la tumba de tu padre.
Tú comías un pollo frío,
a grandes sorbos hacías sonar una botella de vino.

La existencia es un tránsito, un continuo desgaste. La aproximación del restaurant y el cementerio, del acto de alimentarse —del cadáver de un pollo frío— y del cadáver del padre hace estremecedoramente evidente, como en un escalofrío, la cercanía íntima de vida y muerte, su co-pertenencia [59]:

Antes de entrar en materia,
antes, pero mucho antes de entrar en espíritu,

[59] A. Breton, *L'Amour Fou* (1937), Paris, Gallimard, 1976, pp. 24-25: « Le 10 avril 1934, en pleine "occultation" de Vénus par la lune, (ce phénomène ne devait se produire qu'une fois dans l'année), je dé-

piensa un poco en ti mismo, Tomás
Lago y considera lo que está por venir,
también lo que está por huir para siempre
de ti, de mí,
de las personas que nos escuchan.

El hombre no sólo se hace (en el trabajo, en la historia). También se deshace. La muerte de cada ser humano —en este caso, del individuo— es ya una intervención natural en la historia. La muerte es un indicio de la naturaleza del hombre. Impone un límite a su proyecto, a su hacer, a su trabajo, a su historia. El hombre es inmanente a la naturaleza (y a su historia: habrá un fin del sistema solar). En un fragmento de « Los vicios del mundo moderno » se retiene contemplativamente —la pasividad es también correlato subjetivo de la experiencia— cierta historicidad de la naturaleza: en el ciclo de las estaciones no sólo hay repetición o acumulación: « la primavera devuelve al hombre una parte de las flores desaparecidas ».

El trabajo y, en general, la praxis —que es

jeunais dans un petit restaurant situé assez désagreablement près de l'entrée d'un cimetière ». La casa que, intermitentemente, habitaba la familia de Parra en Chillán, estaba situada a medio camino entre el matadero y el cementerio (la estación también ocupaba una posición similar). A veces — recuerda el poeta — se cruzaban animales y muertos: « De lejos los veía aproximarse — un piño enorme de vacunos guiados por huasos gritones y entusiastas — y un cortejo silencioso y triste —, los veía fundirse y luego separarse, cada uno hacia su inmutable destino » (*Vistazo*, Santiago, 02.10. 1962).

histórica — conectan la naturaleza y la historia humana. El olvido de la diversidad de la naturaleza — y de su modo de ser envolvente — es un momento de la alienación de la relación histórica del hombre con la naturaleza.

En « Palabras a Tomás Lago » el hombre está descrito como un agregado de materia y espíritu. En el orden del discurso — que no es necesariamente el orden de la realidad — la una precede al otro: la materia no sólo es tema del antipoema, es también la materia del hombre. La ambiguedad del discurso es intencional (o al menos resultado de un trabajoso esfuerzo cognoscitivo, mediatizado por una ulterior serenidad o piedad contemplativa). Su propósito es configurar — al través de una colisión de referencias — el correlato de su experiencia, comunicarlo con predominio de la referencia, es decir, por medio de una fuerte modificación de las significaciones heredadas, alcanzada por la coacción del correlato objetivo de las referencias y por el contexto. Es la necesidad expresiva y — en este antipoema con particular relieve — el esfuerzo cognoscitivo el que produce, en el discurso antipoético, esta extraña mezcla de lugares comunes de la filosofía y la literatura y la más vigilante disposición crítico poética.

En este antipoema, la materia no precede mecánicamente al espíritu; en la segunda estrofa incluso se invierte su relación en el discurso: « me refiero a esa sombra / a ese trozo de ser que tú arrastras ». El « espíritu » no es un simple segregado de la materia; es — como lo muestra la historia y la prehistoria — el resultado del trabajo. La conciencia de

« lo que hay » surge históricamente del trabajo. La diferencia —la historia del hombre— es resultado de su trabajo. El horizonte del hombre es la naturaleza. Su historia es inmanente a la naturaleza y procura ir más allá de ella. Su conocimiento de la naturaleza es un dominio en continua expansión. Pero al hombre no sólo le es extraña, desconocida, la exterioridad no tocada aún por el trabajo; también le es extraña y desconocida parte esencial de sí mismo: ese « trozo de ser », esa « sombra » que es su propia interioridad.

« Palabras a Tomás Lago » —en especial sus palabras finales de consolación— ha de relacionarse con la tradición poética dedicada « a las ruinas de Itálica famosa ». Pero su punto de partida y de conclusión moral —en una realidad desprovista de trascendencia y en que « el cielo se está cayendo a pedazos » — no prolonga la lección cristiana de esperanza en el más allá; por el contrario, reafirma su escéptico materialismo.

f) *El abismo del amor*

El « abismo que nos separa de los otros abismos » es —en uno de sus niveles significativos— la incomunicación amorosa. En « Cartas a una desconocida », el antipoeta atribuye a la acción del tiempo el foso que se ha abierto —que ha cavado « el aire », es decir, la distancia espacial y temporal— entre la amada y él. Ella es ya una desconocida, pero la misma escritura antipoética da involuntariamente indicios que nos hacen pensar que ella siempre fue una desconocida: al final del texto exclama: « ¡Oh hija de mis besos! ». El texto no sólo recuerda la fugacidad del amor — « un instante frente a tus labios » — sino un contacto en que ella es creatura de sus besos, proyección del poeta sobre la mujer, imagen sublimada de ella que la recuerda y recubre transitoriamente el abismo. Ella no es ella, sino lo que el antipoeta ha puesto, en el pasado y ahora en el recuerdo, en ella. Su recuerdo es positivo en un sentido que la excluye de la realidad desublimada.

La imagen de la mujer como objeto de atracción y consumo sexual — como antagonista —es la que predomina en los antipoemas. Hemos visto que ya en « Sinfonía de cuna » — el primer poema del libro — aparece como prostituta que ofrece sus servicios en el mercado (y sin embargo no se agota en ello). En « La trampa » es una mujer que se niega — acaso inhibida por la represión moral —, pero que atrae irresistiblemente al protagonista. La prohibición moral de las relaciones sexuales — de origen cristiano — opone un obstáculo que exacerba aún más al protagonista. La relación con la mujer se convierte en seducción, es decir, engaño, conquista o compra. En « Los vicios del mundo moderno » las relaciones eróticas incluyen deformaciones surgidas del choque entre la moral vigente — sus prohibiciones inhumanas — y los canales de consumo sexual que abre el mercado: « el comercio clandestino de blancas realizado por sodomitas internacionales », « el autoerotismo y la crueldad sexual », « el endiosamiento del falo », « las gotas de sangre que suelen encontrarse entre las sábanas de los recién desposados », las « estrellas de cine » y la vida privada que se les barrunta (revelada en tantos libros acerca de Hollywood y en poemas como « Oración por Marylin Monroe » en que, según el poeta, todos son culpables menos ella). Todas estas posibilidades están mediatizadas por la alienación —la conversión en mercancía o la cosificación— de las relaciones eróticas y su base instintiva. Son sustituciones que inhiben, en el sujeto, su búsqueda de comunicación (aunque no siempre logran hacerla desaparecer del todo). Lo transforman en alguien que utiliza al otro como medio —medio objetivo— para satisfacer sus necesidades sexuales y de dominio. La energía instintiva se desvía de sus posibilidades de provocar el encuentro, la reunión o fusión erótica. Pese a todo, casi al final del antipoema —en una especie de exordio destinado a consolar a los lectores— el antipoeta reconoce aún que la mujer es una « piltrafa divina », es decir, un resto del « cielo en el infierno »:

Tratemos de ser felices, recomiendo yo, chupando la
[miserable costilla humana.
Extraigamos de ella el líquido renovador,
cada cual de acuerdo a sus inclinaciones personales.
¡Aferrémonos a esta piltrafa divina!
Jadeantes y tremebundos
chupemos estos labios que nos enloquecen;
la suerte está echada.
Aspiremos este perfume enervador y destructor
y vivamos un día más la vida de los elegidos:

En la contaminada atmósfera, la mujer es aún irresistible. Está separada, contrapuesta al hombre:

es « la miserable costilla humana » —una imagen de procedencia bíblica, es claro, pero que también recuerda el acto de comer costillas de animal. Los hombres deben chuparla —chupar la costilla, chupar sus labios— para tratar de ser felices. Pero la cosificación de la mujer, su consumo, el mutuo enmascaramiento de los individuos (que en realidad son pseudoindividuos) impide la comunicación y la comunión amorosa. Al revés, intensifica, en el protagonista, su sensación de soledad y desamparo.

Sin embargo, la mujer —como hemos señalado— no es sólo una « miserable costilla humana » (referencia degradante en que debemos ver también una actitud defensiva del antipoeta ante la fuerza de atracción que sobre él ejerce la mujer), Ella es también una « piltrafa divina », es decir, un resto, un residuo de la totalidad perdida (y que acaso tampoco existió nunca como totalidad). Sus labios « nos enloquecen », pero no sólo porque nos ofrecen un servicio sustitutivo. De ellos —que se chupan como la « miserable costilla »— extrae « el líquido renovador »: la sustancia alimenticia, el meollo. Pero el « perfume » de la mujer es « enervador y destructor ». Es una trampa, un canto de sirenas (para agregar una imagen auxiliar que no está en el texto). Es una trampa —no sólo un engaño del individuo en el sentido moderno, quiero decir, de la alienación moderna— que se pisa y se abre y en que el hombre cae (el el abismo). Todos los sentidos aquí implicados: el gusto (chupar, comer), la vista (de la « piltrafa divina »), el olfato (las palomas que no se entregan, tienen « el olfato del zorro »), conducen hacia el abismo. La relación erótica no es el puente en que el amante cruza el abismo —no es lo más alto suspendido o construido sobre lo más bajo —sino que, más bien, aparece como el abismo en que los amantes, al realizar la relación erótica, al entregarse el uno al otro, se hunden, se sumen, consumándose en el acto de (re)integrarse el uno en el otro, de deshacer su diferencia, su separación dolorosa. En la relación erótica tocan (el) fondo (del abismo), van más allá de sus límites (como individuos), se abandonan, se abren, se (des)hacen, desaparecen. Este es el *otro* abismo, el que más angustia al antipoeta: no el de la soledad del individuo en la gran ciudad —en principio, superable históricamente— sino el que ha descubierto más allá: aquel abismo en que el individuo se pierde en lo desconocido y « que por su profundidad y grandeza no lo puede comprender el entendimiento »[60].

IX

El antipoeta:

a) *Una figura (auto)degradada*

Quien habla es el antipoeta. Su figura se (des)hace en el tránsito de los poemas a los antipoemas. Es protagonista —personaje representado— y, a la vez, sujeto puesto de manifiesto por

[60] S. COVARRUBIAS, *Tesoro de la Lengua Castellana o Española* (Madrid, 1611), Madrid, Turner, 1977, s.v.

el discurso. Entre ambos — o entre rasgos aislados de ambos — se establece un juego de identidades y diferencias que llega a ser otro medio de aprehender su interioridad. Sus sucesivas máscaras acusan el impacto de sus experiencias y, por ello, son indicio tanto de quien se encubre tras ellas cuanto de la realidad exterior.

Es un sujeto — un estudiante, un profesor, un viajero, un amante — desengañado, degradado en cuerpo y alma por la sociedad en que vive y en que se había hecho otras espectativas. No puede considerarse, material ni espiritualmente, por encima de los otros: está en la misma situación de todos, es como todos y, por cierto, procura elevarse, levantar cabeza (esta es una de las raíces de su concepción no elevada del artista). En « Madrigal » — de la tercera parte — idea artimañas para « vivir holgadamente » (lo que no consigue) o que le permitan siquiera morir con cierto decoro. En el « Epitafio » que se dedica aún vivo — muerto en vida, cadáver ambulante — se autorrepresenta como

> ... una mezcla
> de vinagre y de aceite de comer,
> ¡Un embutido de ángel y bestia!

Resumen aquí, por cierto, los versos de *La Vida es Sueño* en que Segismundo confiesa:

> ... ignoré quién era
> pero ya informado estoy
> de quién soy y sé que soy
> un compuesto de hombre y fiera.

Pero en tanto el príncipe cristiano —en el gran teatro del mundo— puede asumir la actitud magnánima de quienes, gracias a su fe, van más allá de las prescripciones del destino, auxiliados a tiempo por la Divina Providencia (justificándose, de paso, divinamente su estado social de príncipe), el antipoeta, en cambio —sumido en una sociedad en que Dios ha muerto, al menos, en el tiempo— no logra que « su alma encuentre su cuerpo », sigue preguntándose « para qué son estos estómagos? / Quién hizo esta —mescolanza? » y a medida que lo investiga se hunde « más y más en una especie de jalea »[61].

Sus sucesivas experiencias negativas le conducen —más allá del desengaño y de una resignación definitiva— a la denuncia de esta sociedad y a una búsqueda de conocimiento y del prójimo. Esta doble empresa se alimenta, en gran parte, de la misma energía negativa, no empleada, que ha ido acumulando el antipoeta. Este rechaza decididamente la sociedad moderna —su alienación y cosificación de los seres humanos— pero a la vez se siente fuertemente atraido por algunas de sus manifestaciones, incluso fascinado por ellas. No sólo cede ante los encantos y la aparente amplificación del campo de la libertad en la desublimación represiva. De hecho, parte de « los vicios del mundo moderno » —al menos, de los que enumera en antipoeta— no son sólo extravío o deformación patológica: son recubrimientos, desviaciones de necesidades legítimas

[61] N. Parra, « Rompecabezas », *PaP*, p. 78 y « Recuerdos de Juventud », *op. cit.*, p. 85.

del ser humano, trampas, apariencias que otorgan una satisfacción sustitutiva, incompleta (y que por eso mismo vuelven a empujar al vicio y a la destrucción).

Ante sus ojos se despliega la ciudad moderna o en vías de serlo, pero ya con lugares ejemplares en que se ve los resultados del progreso. Las « luces de la ciudad » necesariamente lo deslumbran. En ella, la tecnología, la producción industrial mejoran ostensiblemente las condiciones de vida, la prolongan, la diversifican, la hacen más apetecible y llevadera, en apariencia para todos. Pero muy pronto experimenta en carne propia — « Para qué hemos nacido como hombres / si nos dan una muerte de animales? » — que la producción y el consumo están mediatizados por el mercado, esto es, resultan inaccesibles para muchos, entre ellos, para él mismo, generando injusticia, desigualdad social. Todavía más, observa que, más allá de las necesidades humanas legítimas, en la sociedad moderna se promueve la creación artificial de necesidades superfluas que destruyen el planeta y el ser humano:

Como queda demostrado
el mundo moderno se compone de flores artificiales
que se cultivan en unas campanas de vidrio parecidas
[a la muerte [61 bis]

Pero su apasionada denuncia — que impregna toda la antipoesía — no logra alcanzar nunca el centro del poder: éste es escabulle, retrocede más allá de su alcance, parece no existir como centro,

[61 bis] N. PARRA, « Advertencia al Lector », *PaP*, p. 76.

mimetizado en una ilimitada sociedad anónima que delega representantes ante la opinión pública. Ellos —que incluso pueden ser los dueños del capital escudados tras la impersonalidad aparente del sistema— « controlan la vida económica de los países / mediante unos mecanismos fáciles de explicar » (aunque difíciles de cambiar para el individuo).

b) *Sus modos de (re)conocimiento*

En su búsqueda de conocimiento —y reconocimiento— el antipoeta sigue dos caminos o, mejor dicho, adopta uno, aparentemente científico, siendo empujado al otro por el flujo mismo de los acontecimientos en que ve envuelta su vida. Su disposición a enfrentar la realidad humana como un objeto de estudio al que aplica (irónicamente, es cierto) algunos métodos de las ciencias naturales —en particular, los propuestos por el positivismo lógico— no le produce grandes resultados. La realidad humana excede estos métodos o su aplicación obstinada a una realidad que no les corresponde: « El método correcto de la filosofía sería, en realidad, no decir nada, salvo aquello que puede decirse; por tanto, las proposiciones de las ciencias naturales; por tanto, algo que nada tiene que ver con la filosofía; de modo que si alguien quiere decir algo metafísico, probarle que no le ha dado significado a ciertos signos en sus proposiciones » [62]. Con su utilización paródica, el

[62] L. WITTGENSTEIN, *Tractatus Logico Philosophicus*, 6.53.

antipoeta quiere destacar de manera indirecta —sarcástica, algo grotesca— los límites de estos métodos, su inutilidad para resolver —no disolver— problemas esenciales del ser humano. El antipoeta sabe, desde luego, que el final de « Los Vicios del Mundo Moderno » es una falsa conclusión: « sonreír a los imbéciles que bajan de los árboles » pretende subrayar caricaturescamente la incomunicación a que han llegado los seres humanos en la sociedad moderna y —dentro de esta situación— el carácter absurdo que adquiere la evolución y el progreso humano.

« Que la muerte no es [no sea] un acontecimiento de la vida »[63] es justamente lo que preocupa al antipoeta. En principio, no le cabe duda de que « hay que callar acerca de lo que no se puede hablar » —así se concluye en el célebre *Tractatus Logicus Philosophicus*—, pero la muerte, para el antipoeta, es precisamente el fin de su propia vida, una vida que no se realiza, que se pierde en la soledad, desamparo, incomunicación, falta de sentido. Una caricatura —más divertida que dramática— de la inutilidad de ciertas posturas pseudocientíficas está recogida en « Recuerdos de Juventud »:

Con una hoja de papel y un lápiz yo entraba en los [cementerios
dispuesto a no dejarme engañar.
Daba vueltas y vueltas en torno al mismo asunto,
observaba de cerca las cosas
o en una ataque de ira me arrancaba los cabellos.

[63] L. WITTGENSTEIN, *op. cit.*, 6.4421.

Incluso el verso final de este fragmento podría hacer reír con su representación payasesca del protagonista desesperado [64]. Pero si estos versos se reintegran a su contexto producen otro efecto. El fragmento que los precede sorprende al antipoeta en su deambulación descontrolada en busca de amparo:

Yo iba de un lado a otro, es verdad,
mi alma flotaba en las calles
pidiendo socorro, pidiendo un poco de ternura...

El fragmento que los sigue, por su lado, nos da imágenes de sus intentos de contacto con el prójimo:

De esa manera hice mi debut en las salas de clases,
como un herido a bala me arrastré por los ateneos,
crucé el umbral de las casas particulares,
con el filo de la lengua traté de comunicarme con los
[espectadores...

Los desplazamientos del protagonista —originalmente orientados al cumplimiento de su proyecto— se han transformado gradualmente en una deambulación que adquiere características sospechosas para los demás ciudadanos y para los encargados del orden:

Lo cierto es que yo iba de un lado a otro,
a veces chocaba con los árboles
chocaba con los mendigos,
ma abría paso a través de un bosque de sillas y mesas,

[64] Vid. « Discurso Fúnebre » en *Versos de Salón* (que desarrolla algunos de estos motivos). Sobre este poema, mi « Estructura del Antipoema », *Atenea*, 399 (1963), esp. pp. 150-151.

con el alma en un hilo veía caer las grandes hojas.
Pero todo era inútil,
cada vez me hundía más en una especie de jalea;
la gente se reía de mis arrebatos,
los individuos se agitaban en sus butacas como algas
[movidas por las olas
y las mujeres me dirigían miradas de odio
haciéndome subir, haciéndome bajar,
haciéndome llorar y reír en contra de mi voluntad[65].

El antipoeta ha llegado a ser —ha sido empujado a ser— un sujeto marginal, descontrolado, excéntrico, que recorre frenético las calles en busca de comunicación y conocimiento. Su soledad, su frustración, la inutilidad de sus esfuerzos —ante la realidad impenetrable, ante su propia interioridad— le hacen caer en « un desastroso estado mental »[66]. Paradójicamente, éste se transforma en un modo inesperado de conocimiento. Por cierto, su situación es diversa a la de Rimbaud que —en 1871— elige volutariamente « arribar a lo desconocido... al través de un largo, inmenso, razonado desorden de todos los sentidos »[67]. Por el contrario, el estado del antipoeta es efecto de las circunstancias, resultado de su inserción en el torbellino de la vida social. Arrastrado por él, sosteniéndose apenas en su relación con la realidad exterior, con el escenario social, arrojado al azar de experiencias sin orden ni con-

[65] N. Parra, « Recuerdos de Juventud », *PaP*, p. 85.
[66] N. Parra, « El Peregrino », *PaP*, p. 82.
[67] A. Rimbaud, *Lettres de la Vie Littéraire*, Paris Gallimard, 1931, pp. 55 y 62 (carta del 13.05.1871 a G. Izambard y del 15.05.1871 a P. Demeny respectivamente).

cierto, el antipoeta alcanza, a veces, esporádicamente, a ver más allá de las aparencias impenetrables. Más que dirigir su mirada vigilante a los intersticios, son éstos los que se abren inesperadamente ante los ojos del poeta que pasa y los llenan de contenidos particularmente intensos, aunque fragmentarios.

La suma de estas experiencias —dispersas en los antipoemas— no nos puede dar una visión completa de la sociedad moderna. Son fragmentos de una totalidad inalcanzable para el antipoeta y sólo probablemente homogénea. Podrían —lo hemos sugerido antes— representar esa totalidad de modo alegórico o metonímico. Más que conocimiento, estas experiencias nos entregan un reconocimiento fragmentario de la realidad social. A menudo son experiencias contradictorias entre sí o que contienen en sí mismas contenidos contradictorios. Pueden considerarse como indicios de las contradicciones de la realidad social referida en los antipoemas. Justamente en su intento de resolver estas contradicciones es que el antipoeta suele utilizar, paródicamente, formalizaciones que pretenden dar a su discurso una apariencia cientifica. Pero estas aplicaciones fracasan previsiblemente y constituyen más bien otro medio de que se vale el antipoeta para expresar su situación.

c) *Sus limites como individuo*

Menos ambigua parece ser la relación del antipoeta con la afirmación de que la vida es absurda o carente de sentido. « Soliloquio del individuo » — el último antipoema del conjunto — concluye significativamente con este verso: « Pero no: la vida no tiene sentido ». Adquiere, así, la apariencia — todo el peso — de una conclusión final, resultado de una larga serie de experiencias y reflexiones. Sin duda, las experiencias del antipoeta permiten e incluso empujan a esta conclusión — recogida del existencialismo de postguerra —, pero a la vez la exceden. El antipoeta no procede como el léon que va borrando sus huellas con la cola. No quiere ser tan astuto. Quiere o, mejor dicho, necesita que sus lectores vean tras de su máscara, tras del primer plano de los antipoemas. Voluntaria o involuntariamente, deja imperfecciones en sus ensamblajes, comete faltas, establece complicidades laterales, hace guiños o muecas con su cara — o máscara — de payaso tragicómico. De este modo, comunica indirectamente su verdadero estado de ánimo, la complejidad de su estado de ánimo, su dramática desorientación.

« Soliloquio del Individuo » contiene una descripción atrabiliaria — a la vez que impresionante — de la historia, hecha desde el punto de vista del individuo moderno, más exactamente, del individuo alienado, del pseudoindividuo que la reduce a la medida de sus mezquinos intereses. Esta degradación no constituye — como pudiera pensarse — una contradicción a la interpretación sublimada de la historia en que la gran burguesía intenta vincularse a los orígenes de su nación y, en general, de la humanidad. Por el contrario, es más bien el complemento que le añade la pequeña burguesía y la capas medias (de las que procede el antipoeta). La distancia que el antipoeta adopta frente a su propia representación de la historia y el individuo —que es una asumpción—, puede advertirse en el carácter fuertemente paródico y por momento caricaturesco de la (auto)representación. Sin embargo, esta distancia se pierde de vista, se encubre —como el antipoeta—, casi podría decirse, se acorta y mimetiza en « el tono arcaico, pedregoso del poema, sus repeticiones continuas, destinadas a fijarse en nuestra memoria, la repetición de ciertas palabras, que dan así la impresión de recién creadas, las vacilaciones y, en fin, el tema tratado, todo [lo cual] nos indica que nos encontramos frente a una manifestación de tipo colectivo, que se nos va a hablar de lo que a todos nos atañe por parejo »[68].

No siempre el antipoeta logra o quiere mimetizar tan eficazmente la parodia. « El Peregrino » —como ya hemos visto— intenta llamar la atención sobre sí mismo utilizando los recursos del vendedor ambulante o del charlatán. Para quienes, de pasada, lo miran, no ofrece nada, salvo su espectáculo payasesco. El protagonista ha calculado, por cierto, sus efectos ante el público, juega su papel, pero —llevado de su desesperación— termina por perder el control de sus actos y se hace tragicómico. Aparece, entonces, como un payaso, un bufón ante la opinión

[68] E. LIHN, « Introducción a la Poesía de Nicanor Parra », *Anales de la Universidad de Chile*, 83-84 (1951). Cito de Separata, p. 7.

pública. A su vez, la capacidad expresiva de la tragicomedia —de los personajes y situaciones tragicómicas— es descubierta por el antipoeta e incorporada a sus instrumentos de trabajo.

No obstante, sus propios esfuerzos —sus trabajos y sus días— le han hecho al antipoeta experimentar los límites de la capacidad cognoscitiva y comunicativa de los medios de la poesía y de la antipoesía (y, en general, de todos los medios a su alcance). Son estas limitaciones las que lo han conducido —no el afán de originalidad— a un reajuste de la posición del poeta y la poesía en la sociedad en que vive. No coinciden ellas —al revés, se antagonizan— con las causas de la degradación de la poesía y el poeta, en particular, el poeta lírico, en la sociedad burguesa (un tema, por lo demás, ampliamente tratado en la literatura y la crítica). La poesía —cierta poesía— se resiste a trasformarse en mercancía y se resiste a servir de instrumento ideológico de legitimación de la burguesía. Por cierto, el reconocimiento oficial continúa elevando al poeta en la medida que éste la eleva a ella (la burguesía) a las cumbres de la historia. O —más recientemente— en la medida que puede neutralizar y reorientar los contenidos y formas de la producción poética, adquiriendo, así, la apariencia de una clase tolerante (desde luego, represivamente). Pero la degradación de la poesía que lleva a cabo el antipoeta intenta todo lo contrario: liberarla de sus determinaciones ideológicas (lo que no siempre consigue) y reajustar su perspectiva a la realidad concreta, de la que surgen sus temas —sus motivaciones, las « fuentes de la inspiración » — y extrae sus materiales. Esta operación del antipoeta es incluso un acto de autodefensa de la figura del poeta y de la probable función de la poesía: si se quiere, un enmascaramiento en que el poeta se ríe de sí mismo y de sus colegas — especialmente, de los más serios — no sólo porque conoce los límites de la poesía, sino también para reírse de sí mismo antes que los otros se rían de él.

d) *El poeta como bricoleur*

Es a partir de esta relación con el medio social y la poesía que el antipoeta trabaja. Instala su taller, provisoriamente, en cualquier parte. Utiliza todos los materiales a su alcance — al alcance de sus manos — y todas las energías de que, en cada momento, puede disponer. De esta manera, elabora el antipoema — lo construye — con materiales lingüísticos propios y ajenos, materiales de deshecho o de segunda mano, citas de otros autores, productos de su propia inspiración y de sus recolecciones, de la búsqueda metódica y del hallazgo casual, de la escritura automática, el flujo de la conciencia y la reflexión, la lucidez y el delirio, el sueño y la vigilia, el pasado y el presente, el ensueño y la pesadilla, los informes médicos, la prensa, etc. Su procedimiento más general es — como a lo sabemos — el montaje. Su producción toma a menudo o, al menos, algunos de sus fragmentos, el aspecto de una reproducción directa de materiales ajenos. Esta tendencia se acentuará en su producción futura: en ella hablaran los otros: él no es único, no es diverso, especial, elegido; es como los otros, es nos-otros. Su propósito: « Sin ser un vate, sin ser un Zaratustra criollo, sin ser aprendiz de hechicero, busco la entrada y salida del laberinto en que estamos »[69].

Sólo retrocediendo hasta los orígenes de la situación actual, los fundamentos de la sociedad moderna, es posible crear las condiciones para su cambio. Los esfuerzos del antipoeta no son exclusivamente expresivos o gnoseológicos: no aspira sólo a la expresión o al conocimiento —al reconocimiento— poético de su situación: hundiéndose en la realidad exterior y en sí mismo quiere encontrar una salida que no alcanza siquiera a vislumbrar. Pero los antipoemas han restablecido la relación de la poesía con la realidad (in)mediata: han ido más allá del discurso unidimensional, han destruído las apariencias exclusivamente positivas de la sociedad moderna y —desde la más extrema desesperación, desde la experiencia más negativa— han mostrado que, pese a todo, aún « hay un cielo en el infierno ».

[69] L. Droguett Alfaro, « Diálogo Apócrifo con Nicanor Parra », *Atenea*, 383 (1959), pp. 74-82.

LA ANTIPOESIA Y EL VANGUARDISMO *

1

El propósito de este ensayo es reunir materiales para la discusión del lugar y relevancia de la antipoesía de Nicanor Parra en el desarrollo —un desarrollo supuesto— de la poesía hispanoamericana.

Que ya no movamos en el ámbito del vanguardismo resulta (in)conveniente. El vanguardismo es un movimiento histórico en el sentido de que ya cumplió varias funciones —que no coinciden siempre con las que se propuso demasiado alegre o patéticamente en el interior de las literaturas y las sociedades hispanoamericanas [1].

* No considero aquí la producción de Nicanor Parra (1914) en bloque ni tampoco su desarrollo desde *Cancionero sin Nombre* (1937) hasta hoy día. Tomo en cuenta solamente su etapa productiva comprendida entre 1948 aproximadamente y la fecha de aparición de *Poemas y Antipoemas* (1954). Cito este último por la siguiente edición: *Poemas y Antipoemas*, Santiago, Nascimento, 1971. Introducción de Federico Schopf.

[1] Sobre la consideración del vanguardismo como un movimiento históricamente concluso descansa el trabajo de PETER BÜRGER, *Theorie der Avantgarde*, Frankfurt, Suhrkamp, 1974. Al respecto, vid. tb. la « Einleitung »

Como se sabe, un sector decisivo de los poetas vanguardistas había procurado cambiar la vida por medio, entre otros medios, de la actividad y producción artísticas. Su fracaso fue previsible rápidamente. Podemos presumir que parte de ellos no podía tomar muy en serio este proyecto de intervenir revolucionariamente en la praxis social — no siendo siquiera vanguardia política —, dada la magnitud de las fuerzas sociales, políticas, económicas, etc., que entraban en juego, tanto en Europa

de su *Vermittlung-Rezeption-Funktion*, Frankfurt, Suhrkamp, 1979, pp. 9-17. Una revisión crítica de las ideas de Bürger en W.M. LÜDTKE (ed.), *Theorie der Avantgarde. Antworten auf P. Bürgers Bestimmung von Kunst u. bürgerlicher Gesellschaft*, Frankfurt, Suhrkamp, 1976. Una declaración importante de Octavio Paz sobre el fin de las vanguardias en la literatura hispanoamericana se encuentra citada en J.G. COBO BORDA, « Dos décadas de poesía colombiana », *Eco*, 258 (1983), p. 628: « Hacia 1945 la poesía de nuestra lengua se repartía en dos academias: la del 'realismo socialista' y la de los vanguardistas arrepentidos. Unos cuantos libros de unos cuantos poetas dispersos iniciaron el cambio. Todo comienza — recomienza — con un libro de JOSÉ LEZAMA LIMA, *La fijeza* (1944). Un poco después, *Libertad bajo palabra* (1949) y *¿Aguila o Sol?* (1950). En Buenos Aires, ENRIQUE MOLINA, *Costumbres errantes o la redondez de la tierra.* Casi en los mismos años los primeros libros de Nicanor Parra, Alberto Girri, Jaime Sabines, Cintio Vitier, Roberto Juarroz, Alvaro Mutis...». Ya en « Legítima defensa » (1954), recogido en *Las Peras del Olmo*, Barcelona, Seix Barral, 1983, p. 180 había hecho Paz esta observación. Y más tarde en *Los hijos del limo*, Barcelona, Seix Barral, 1974, pp. 194 y ss. y en *In/mediaciones*, Barcelona, Seix Barral, 1979, pp. 181-186.

como en América. El proyecto y su fracaso son, sí, expresión y síntoma de una ardiente necesidad de cambio.

Para los poetas y artistas del vanguardismo esta necesidad de cambio se hacía sentir también de manera aguda e impostergable en el campo de su actividad específica, es decir, en la literatura y el arte. Los recursos expresivos oficialmente reconocidos como propios del arte —los del Modernismo y el Mundonovismo— no sólo les eran insuficientes, sino programáticamente inapropiados para sus propósitos y estímulos [2].

A pesar de que muchos poetas vanguardistas como Huidobro, Vallejo, Guillén, entre otros, escribieron en un comienzo poemas de tránsito —en el mejor de los casos aún contaminados de Modernismo—, su relación con la poesía y poética anterior fue fundamentalmente de ruptura. La audacia meta-

[2] Vid. F. Schopf, « Die literarische Avantgarde in Hispanoamerika », *Iberoamerikana* 15 (1982), pp. 3-21. Para una consideración del moderno hispanoamericano en la literatura mundial, vid. ahora R. Gutierrez Giradot, *Modernismo*, Barcelona, Montesinos, 1983. La noción de mundonovismo fue introducida por Francisco Contreras, en *Le Mundonovisme*, Paris, 1917 y, sobre todo, en el « Proemio » a *Pueblo maravilloso*, Paris, 1927. En la historia literaria el término « mundonovismo » ha sido sistemáticamente utilizado por C. Goić para caracterizar un momento en el desarrollo de la novela hispanoamericana. Vid. su *Historia de la novela hispanoamericana*, Valparaíso, Ediciones Universitarias, 1972, pp. 152-156. Tb. *La novela chilena*, Santiago, Universitaria, 1968, pp. 97 y ss.

fórica de Herrera y Reissig, por ejemplo, fue admirada por algunos vanguardistas como manifestación de agudeza y arte, pero su enfermiza relación con el mundo tenía que ser considerada inevitablemente como decadente, en un sentido negativo. Para el proyecto revolucionario de los vanguardistas, la actitud (in)voluntariamente marginal de Herrera y Reissig era inadecuada. Para el propósito de ampliar el mundo de la poesía, sus imágenes sutiles y perversas eran demasiado artificiales y, pese a toda su penetración y carga de hallazgo, surgían aún de una sensibilidad vieja, que reaccionaba con lucidez espasmódica ante el castigo incesante de una sociedad represiva. La misma figura de Darío produjo en algunos vanguardistas —Huidobro, Borges, Coronel Urtecho— un reconocimiento ambiguo, una mezcla, en proporciones diversas, de admiración, resentimiento, envidia, que no les impedía, sin embargo, participar en las acusaciones vanguardistas a su arte(sanía) refinada y a su personalidad esencialmente ingenua. De hecho, la poesía del Modernismo y el Mundonovismo correspondía a una concepción del arte y su inserción —de compatibilidad, tolerancia, antagonismo, servicio— en la sociedad cuyo rechazo estaba, precisamente, en el origen de la actividad vanguardista [3].

[3] Ya la afirmación de que la poesía debe ser *creación* de objetos nuevos y no imitación (repetición inútil) de la naturaleza opone los intentos de Huidobro a la poesía modernista y mundonovista anterior. Vid. « Non serviam » (1914) en *Obras Completas*, Santiago, Zig-Zag, 1964, t. I, pp. 653 y ss. Vid. más tarde, *Manifestes*,

Por ello, una de las tareas iniciales del vanguardismo fue la destrucción de las formas y manifestaciones que había adoptado la *institucionalización* burguesa del arte, sobre todo, la neutralización de su probable efecto crítico y su instrumentalización al servicio de las clases dominantes. Obscenamente ilustrativos de estas funciones ideológicas del arte son los *Salons* de la segunda mitad del siglo en París y las correspondientes ceremonias en nuestros paises: allí se reconoce y se autoafirma la burguesía como clase hegemónica. Allí se expresa a sí misma y se ofrece como modelo (in)alcanzable para sus

Paris, Eds. de la Revue Mondiale, 1925 (incluídos ahora tb. en t. I de las *Obras Completas*). Una interpretación de Huidobro como « poeta complementario » de Darío en RENÉ DE COSTA, *En pos de Huidobro,* Santiago, Universitaria, 1980, pp. 9-16. De Costa se preocupa de mostrar un primer período modernista en Huidobro — que consta de malos poemas —, que sería un momento de su desarrollo hacia un estilo propio. También Vallejo, Neruda, Guillén escribieron en sus comienzos poemas que estaban, total o parcialmente, dentro de la poética inaugurada por el modernismo, pero creo que en todos ellos se produce un momento de ruptura que termina oponiendo dos sistemas expresivos (y no sólo ello). La deuda con Darío — que no se opone a hacer algo distinto de él — ha sido reconocida, por lo demás, por muchos poetas surgidos del vanguardismo. Vid. V. HUIDOBRO, *Vientos Contrarios* (1926), cit. de *Obras Completas,* I, p. 728. Tb J.L. BORGES, prólogo a *El oro de los tigres* (1972), en *Obras poética*, Buenos Aires, Emecé, 1977, p. 359. Más ambigua y críticamente lo admira J. CORONEL URTECHO en « Oda a Rubén Darío », ahora en *Pol-La D'Ananta Katanta Paranta*, Léon, Nicaragua, UNAN, 1970, pp. 16-22.

empleados de la pequeña burguesía, ciertos artistas y profesores incluidos. El arte embellece, es decir, maquilla, falsifica, encubre lo real al mostrarlo en lo que (no) es. El arte es, naturalmente, realista. La naturaleza está representada por ninfas, es decir, las amiguitas [4]. El arte de la burguesía maltrata también a la historia: la burguesía quiere prolongar sus orígenes más allá de sí misma e identificarse con los orígenes de la nación o la humanidad misma: fabrica —esto es, encarga— los falsos héroes que conducen a los pueblos a su destino, al presente del Gran Banquete. El pueblo es carne de cañon que no sólo combate heroicamente en los cuadros —y en la Guerra del Salitre para los capitales ingleses—, sino que debe aún soñar con el paraíso bélico: recordemos « Le rêve » de Edouard Detaille, sus equivalentes germánicos o la estatua del « Roto Chileno » en Santiago de Chile. O bien es carne de pecado —fascinante, barata, deslumbrada— que se

[4] Por ejemplo, *Nymphes et satyre* de W. Bouguereau es de 1873. Un año antes Monet había pintado su *Impresion, soleil levant* en Arguenteil. ¡Y de 1869 son las representaciones de la Grenouillère de Renoir y Monet! Por último, no está, demás recordar que en 1865 la *Olympia* de Manet era motivo de escándalo, mientras *La naissance de Venus* (1863) de Cabanel era adquirida por Napoleón III, que concedió además la Legión de Honor al pintor. Un representante chileno de la pintura pompier es A. Valenzuela Puelma (1856-1909), cuya *Perla del mercader* equivale a los cuadros orientales de L.J. Gerome o L. Deutsch. Sobre los peintres pompiers, vid. J.P. CRESPELLE, *Les maîtres de la belle époque*, Paris, Hachette, 1966.

transporta subtrepticiamente a la garçonnière. La historia es historia del progreso que culmina, lógicamente, en el predominio de la burguesía. Aragon resume velozmente la denuncia vanguardista: en este pseudorrealismo que comienza a surgir desde 1848 « la realidad es la ausencia aparente de contradicción » [5].

2

No todo está perdido

Por cierto, las grandes obras del Modernismo y el Mundonovismo hispanoamericanos son algo más que vehículos y productos de esta ideología. Ellas nos comunican esencialmente —es nuestra esperanza— experiencias de la vida, sentimientos, representaciones de la realidad que contradicen, al menos en parte, las visiones ideológicamente mediatizadas. Contra las probables intenciones del artista o contra la intención inmanente a la obra, su recepción y « plenificación » parece decidirse en la tensión entre ideología dominante — que procura reducirla a las formas institucionalizadas del arte— y los recursos contraideológicos inherentes a su autonomía. Es justamente de esta autonomía relativa, en una situación comunicativa concreta, que la obra saca fuerzas, sí así puede hablarse, para abrir el discurso y el mundo unidimensional. Es conveniente

[5] L. Aragon, « Idées », *La Révolution Surréaliste*, 3 (15.04.1925), p. 30.

recordar, sin embargo, que las formas institucionalizadas del arte pueden también alcanzar a ocultar o, al menos, enmarañar este acceso a la realidad no controlado o previsto por la ideología dominante. Entonces, una obra de arte auténtica es reconducida a satisfacer privadamente necesidades que la clase hegemónica considera residuales o adjetivas. Son necesidades —como la pasión erótica o la lucha por un futuro mejor— reprimidas en la praxis social y que, en el ámbito estético, intentan ser compensadas al través de su expresión y satisfacción privada, esto es, desvinculada de sus contenidos sociales.

En principio, el poeta y el artista han sido relegados, en nuestras sociedades, al rincón de los inútiles. La burguesía reconoce profesionalmente sólo a aquellos artistas que —como los peintres pompiers— producen a su servicio o a aquellos literatos que tienen éxito en el mercado, cuyas obras se convierten en mercadería de gran consumo. Ellos —no todos por lo demás— tienen acceso a los salones. Los otros —los que no glorifican, directa o indirectamente, a la burguesía, los que no (se) venden— han de contentarse con vivir discretamente en los aledaños: son maestros de escuela, empleados de poca monta o sujetos sospechosos que engrosan las filas de los marginales. Pero también sobre sus obras se cierne el peligro de la neutralización: pocas de ellas resisten la asimilación, sin perjuicio de que más tarde caigan en ella. En quienes han escrito estas obras —Sade, Lautréamont, Martí, transitoriamente Rimbaud y Apollinaire— escogieron los vanguardistas a sus precursores. Según se recordará, incluso Rimbaud fue acusado de que su obra tolerara una interpretación ortodoxamente cristiana [6].

Como se sabe, las más logradas obras del Modernismo se ofrecen constitutivamente a una recepción pasiva y privada. La experiencia estética que corresponde a estas obras no une a los miembros de una clase —como ocurre con los visitantes de los *Salons*—, sino a individuos dispersos, que pueden sentir la solidaridad de los solitarios, bien se consideren miembros de un círculo escogido y desdeñoso del gran mundo o disidentes que deambulan en los márgenes de la sociedad. Las carencias, frustraciones y problemas que el arte expresa se aprehenden, en este modo de recepción, desligados de las connotaciones sociales que, en la mayoría de los casos, les son constitutivas.

Precisamente en esta tolerancia de las grandes obras de arte para ser neutralizadas, para adaptarse y satisfacer un determinado tipo de recepción —que los vanguardistas adjudicaban a claudicación, derrota o compromiso oscuro que hacía de los poetas compañeros de ruta de la reacción y, para colmo, mal retribuidos— debe verse, creo, una de las causas más importantes del rechazo de los poetas vanguardistas hacia todas las formas y modos de recepción que había asumido el arte y la literatura inmediatamente anteriores en Hispanoamérica, vale decir, el Modernismo y el Mundonovismo.

[6] A. Breton, *Second manifeste du surréalisme* (1930), en *Manifestes du surréalisme*, Paris, Gallimard, 1973, p. 80.

3

Perdida y recuperación de la realidad

Sin embargo, una parte considerable de la producción calificada de vanguardista —que, a su vez, provenía de una asumpción retórica del vanguardismo— terminó, como se sabe, por ser neutralizada, esto es, gradualmente se convirtió no sólo en arte oficial o de disidencia oficial, tolerada e incluso promovida, sino en mercadaría artística ofrecida en las galerías y, por otro lado, difundida masivamente por los medios de comunicación, al través de reproducciones. La reproducción y los medios de comunicación se transforman en instrumentos al servicio de esta neutralización, manipulación y encubrimiento de las dimensiones críticas del vanguardismo.

Como lo recuerda *El Recurso del Método* comienza el tiempo en que, en los salones, el arte de la « belle époque » es reemplazado por el arte vanguardista y su reproducción artesanal e industrial[7].

[7] A. Carpentier, *El recurso del método*, México, Siglo XXI, 1974, VII, pp. 297-300. Por cierto, una novela (aún una novela histórica) no puede ser considerada directamente como un documento de la época a que se refiere, pero sí es una representación susceptible de verdad histórica. La escena que tiene lugar en las páginas citadas —en que un dictador latinoamericano se escandaliza ante obras del vanguardismo— ocurre entre 1925 y 1927. Por estos años, el impresionismo había sido ampliamente reconocido y los pintores pompiers que aún sobrevivían se dedicaban a la condena de Matisse, los fauves y el vanguardismo en marcha.

El vanguardismo es banalizado —transformado en sustituto ideológico— y entra a formar parte del arsenal de propaganda, ornato y estilo dirigido a la pequeña burguesía y adoptado por ésta como ingrediente del « buen gusto ». El arte vanguardista —visto como conjunto— deja de ser sólo disidente y, sobre todo, deja de conectarse críticamente con la realidad: paradójicamente, contribuye a amplificar de manera prodigiosa el campo de la alienación.

La masificación de la pseudovanguardia y, en cierto sentido, parte de la vanguardia misma es, no obstante, un fenómeno relativamente reciente [8].

He aquí la opinión de uno de ellos, Caro-Delvaille: « Il y a toujours eu à l'École des beaux-arts... le truqueur, celui qui connaît à fond son métier, qui en joue, qui nos épate avec une habileté de prestigitateur; eh bien, Matisse est le truqueur de l'École des beaux-arts » (J. P. Crespelle, *op. cit.*, p. 209). Crespelle también cita a « un certain Peyré », autor de una *Histoire générale des beaux-arts*, 1921, que reincide aún en la condena del impresionismo y lo conecta a los vanguardismos: « L'impressionisme a moins donné que le réalisme et a eu plusiers conséquences fâcheuses. En ouvrant la porte toute grande à la bizarrerie artisanale, en flattant les petits côtes de l'individualisme, chez l'amateur comme chez l'artiste, il a singulièrement favorisé la paresse, l'insuffisance et la vanité... Après l'impressionisme proprement dit, on a eu le tachisme, le treigallisme, que sais-je?... pour arriver, sans parler des inepties du cubisme et du futurisme » (Crespelle, *op. cit.*, pp. 44-45).

[8] La masificación, como se sabe, neutraliza, hace inofensiva la dimensión subversiva y crítica de los vanguardismos, los coloca al servicio de la ideología dominante. La bibliografía sobre este tema es ya enorme. La direc-

En la época en que surgen los antipoemas —que es la que nos interesa para los propósitos de este ensayo— el vanguardismo y el pseudovanguardismo conservaban aún su carácter de arte alejado del gran público.

Ya en una etapa inicial de contraposición con el vanguardismo —en la etapa de su « poesía de la claridad »— había asumido la producción de Parra un rasgo importante de la propia poesía vanguardista: la presencia de un poeta no original y único, sino portador de una norma y un discurso social, recogido de la realidad en que vivía y aplicado creadoramente a la realidad social. Su « poesía de la claridad » —que compartía con una serie de poetas— no sólo era una reacción antivanguardista, sino que estaba contaminada ya de vanguardismo y suponía, lo que es decisivo, la existencia acabada de un sistema expresivo vanguardista. Como he sugerido en algunos ensayos anteriores[9], el trabajo

ción crítica que aquí nos interesa comenzó con el famoso capítulo sobre « Kulturindustrie » en M. HORKHEIMER y TH.W. ADORNO, *Dialektik der Aufklärung*, Amsterdam, Querido, 1947. Excepcionalmente ilustrativo de esta neutralización y reinversión ideológica ha llegado a ser como se sabe, el arte de Salvator Dalí. Un pintoresco caso de asumpción del surrealismo como moda de salón es el de Sasa Panâ, alto oficial de la corte rumana que, en atención a las obligaciones de su cargo, debía hacer acrobacias para ocultar sus secretas poses pseudovanguardistas (vid. M. POPA, *Geschichte der rumänischen Literatur*, Bucarest, Univers, 1980, p. 209 y ss.).

[9] Vid. F. SCHOPF, « La escritura de la semejanza en Nicanor Parra », *Revista Chilena de Literatura*, 2-3

crítico de Parra respecto a los contenidos de esta « poesía de la claridad » le condujo al reconocimiento de su falsedad real —eran lugares comunes de una concepción pequeño burguesa del campo y la ciudad— y a su sustitución por el discurso y el « mensaje » antipoéticos (desde 1948).

En este sentido, los antipoemas son una « vuelta a la realidad ». Una de las sorpresas que produjeron —quizás para el mismo Parra— fue su asombrosa y creciente capacidad de contacto con el gran público. Esta capacidad de satisfacer espectativas de un público lector amplio la distinguía radicalmente de un vanguardismo que —pese a todos sus aportes— no había llegado con su mensaje subversivo más allá de sus propios círculos. El mecanismo que había abierto a los antipoemas esta posibilidad era doble: su incorporación de ciertos usos cotidianos de la lengua al discurso poético y el modo como lograba reestablecer el contacto entre la poesía y la realidad de sus lectores (incluido el círculo vanguardista).

A primera vista, la antipoesía podría parecer una mera vuelta a los intentos del dadaísmo. Pero surge en circunstancias diferentes: el dadaísmo introducido en Hispanoamérica por Huidobro se había ejercitado en los salones, era una actividad limitada a grupos minoritarios. En Europa, por su parte, pese a que había levantado su denuncia y su escándalo sobre

(1970), p. 43-132; tb. « Introducción a la Antipoesía », en N. PARRA, *Poemas y Antipoemas* ed. cit., pp. 9-25. Tb. « Arqueología del Antipoema », *Texto Crítico* (1984), por aparecer.

los restos materiales e ideológicos de una época, la visión de estos restos —preconizados hacía tiempo por Marx y Nietzsche— había bloqueado la cabeza de sus probables receptores, más necesidados de encontrar refugio y seguridad que de aceptar el *shock* brutal de las apelaciones dadaístas, en que se mezclaba el nihilismo más radical con una rebeldía más radical aún, pero falta de caminos. La poesía de Huidobro —desde *Poemas Articos*— había sido sensible a las consecuencias de la Primera Guerra Mundial y había incorporado su significado de cesura epocal, pero desde una distancia en que esta guerra había aparecido como espectáculo. Más tarde, en *Altazor* (1931), este significado epocal se internaliza dramáticamente. Pero en los años veinte, es la dimensión del juego —y no del juego delirante— la que Huidobro asume del dadaísmo e introduce eficazmente en la poesía de lengua española.

Por otra parte, como se sabe, el discurso dadaísta consistía en el montaje sin fin de ruinas y residuos de una sociedad y —con su propósito de *shock*— producía extrañeza en el gran público, aún en aquellos casos en que utilizaba fragmentos del discurso cotidiano, los cuales eran trasladados a la supuesta esfera del arte que, para mayor confusión aún, era negado como tal. Por el contrario, la novedad de la antipoesía —en el ámbito de la poesía hispánica— es que produce en el lector su reconocimiento, mejor dicho, varios reconocimientos de su orígen e inserción en la realidad inmediata.

El hecho de que la antipoesía surja después de la Segunda Guerra Mundial y en plena Guerra Fría tiene consecuencias importantes para su constitución. Ya la superación de la « poesía de la claridad », por parte de Parra, no era ciertamente mero reflejo del fracaso del Frente Popular (1938-1946), pero ha de vincularse con el desengaño y la frustración cotidianos a que condujo el desarrollo político, económico y social de Chile en esos años [10]. Esta sensación de desengaño y fracaso es parte sustancial de las condiciones subjetivas en que se elaboran los antipoemas y son también parte sustancial de su mensaje.

Catalizador decisivo para la elaboración de la antipoesía fue también la promoción, por parte de la intelectualidad militante, de un tipo de literatura comprometida: el realismo socialista, tal como fué formulado como doctrina oficial en el Congreso de Escritores de Moscú en 1934 y fuertemente reactivado durante la postguerra [11].

Las obras elaboradas según la doctrina del rea-

[10] *A la sombra de los días* de GUILLERMO ATÍAS, Santiago, Zig Zag, 1965, nos da una imagen de la atmósfera cotidiana en los años de constitución del Frente Popular y su progresiva desintegración. Sobre este tema en la literatura chilena, vid. L. IÑIGO MADRIGAL, « La novela de la generación del 38 », *Hispamérica*, 14 (1976), p. 40 y ss.

[11] Documentos de este congreso en *Sozialistische Realismuskonzeptionen. Dokumente zum Allunionkongress der Sowjetschriftsteller* (1934), Ed. H.J. Schmitt y G. Schramm, Frankfurt, Suhrkamp, 1974. Sobre el stalinismo, B. RABEHL, « Die Stalinismusdiskussion der internationalen Kommunismus nach dem XX. Parteitag », en *Entstalinisierung. Der XX. Parteitag der KPd und seine Folgen*, ed. R. Crusius y M. Wilke, Frankfurt, Suhrkamp, 1977, p. 321-359.

lismo socialista, adaptado a las condiciones y necesidades de América Latina, pretendían referirse a la realidad —y de hecho lo hacían, pero bajo la forma de una aplicación abstracta de esquemas e ideas preconcebidas— echando mano de los recursos, tópicos y alegorías del realismo y naturalismo anteriores, impregnados y puestos al servicio de la contraproducente iluminación stalinista del terreno [12].

Pero la antipoesía es fundamentalmente —desde el punto de vista de la historia literaria— una actidad y producto que se elabora en relación continua con el sistema expresivo y las modificaciones generadas por el vanguardismo en la (in)comnuicación de poesía. La antipoesía se distingue de los diversos vanguardismos —ya veremos en qué—, pero a la vez prolonga creadoramente ciertos rasgos de la producción y recepción de la poesía que son resultado de la actividad vanguardista. Hoy día, el propio Parra estaría de acuerdo en que un aspecto del surrealismo que él destacaba hacia 1958: « la inmersión en la profundidades del subconsciente colectivo » [13] no es la única contribución de las vanguardias que se reencuentra en la antipoesía. Baste señalar aquí que el experimentalismo y la amplificación lúdica del espacio poético que introduce Huidobro desde 1918 ha sido, por lo menos, un punto de apoyo para el juego delirante y la crítica infernalmente cómica que Parra incorpora a la poesía de

[12] L. Iñigo Madrigal, *op. cit.*, p. 40 y ss.

[13] Vid. N. Parra, « Poetas de la Claridad », *Atenea*, 380-381 (1958), p. 48.

lengua española en sus antipoemas desde 1948. También la inserción de palabras prohibidas en el discurso antipoético encuentra respaldo en ciertos textos de *Residencia en la Tierra* (1935) —aunque se distingan del uso nerudiano por la desublimación a que el antipoeta somete su antidiscurso[14]. En este sentido, este montaje del antipoeta se encuentra más cercano a los experimentos dadaístas, de los cuales se diferencia, a su vez, por la mayor capacidad de recepción.

Obras incompletas

Es probable que uno de los aspectos en que los antipoemas muestran más claramente los efectos del vanguardismo (y por supuesto de la situación en que se producen y expresan) sea el de la estructura de cada uno de ellos y el conjunto como obra.

Ya la relación del conjunto de *Poemas y Antipoemas* con los antipoemas de su última parte parece establecer una contradicción. En esta etapa de la producción de Parra, los antipoemas carecen de principio, medio y fin en el sentido tradicional (que se remonta a la concepción aristotélica de la obra

[14] En Parra se introducen, además, como se sabe, frases hechas, tonos, ritmos, estructuras sintácticas, etc. del discurso cotidiano. Sobre este tema, vid. F. Schopf, « Introducción... », p. 30-33. Tb. « El lenguaje de la antipoesía », en Marlene Gottlieb, *La Poesía de Nicanor Parra*, Madrid, Nova Scholar, 1977, p. 118-126.

de arte: de ahí la significación epocal de esta modificación vanguardista). Cada una de las partes o elementos de un antipoema no ocupa un lugar necesario en el conjunto: puede ser trasladado o incluso, a veces, me atrevo a decir, reemplazado. Así, en « Los vicios del mundo moderno » la conclusión que contienen ciertos versos no se desprende solamente de los versos que la anteceden, sino también de los que la siguen o del total del libro.

En cambio, el conjunto de *Poemas y Antipoemas* parece tener una forma cerrada. La voluntad organizativa del autor es notoria. Contrapone dos tipos de texto en el título, pero divide el conjunto en tres partes. Puede entenderse que los poemas de la segunda parte son de transición (y esta suposición se confirma en la lectura del libro). Así, el conjunto alcanzaría el aspecto de una estructura o unidad desplegada en el tiempo. Pero se trata de una unidad precaria o, en el mejor de los casos, válida sólo en cierto nivel del mensaje comunicado. Ya la mera existencia de tres partes hace ambiguos los límites entre el poema y el antipoema. Entre los distintos estadios del desarrollo que, supuestamente, culmina en el antipoema hay zonas de interferencia, interpenetración [15]. Aunque los antipoemas pueden reconocerse, la demarcación de sus comienzos y continuación es imprecisa.

Más chocante aún es el contraste entre esta vo-

[15] Ya indicado en 1967 por mí en « Poemas y antipoemas: tercera edición de una lectura », *La Nación*, Santiago, 29.10.1967.

luntad de estructura cerrada y la forma abierta que ostentan los antipoemas. Justamente esta forma abierta o incompleta es prolongación creadora de un aspecto esencial al tipo de obra que inauguró el vanguardismo en su « período heroico » y que Peter Bürger denomina obra inorgánica [16]. La unidad que tradicionalmente —en el renacimiento, en el simbolismo— se otorgaba a la obra de arte está disuelta en la producción vanguardista. La relación de cada parte de la obra con el todo no se percibe ni se acepta como necesaria. La misma obra no es concebida como totalidad orgánica —con principio, medio, fin, desarrollo necesario o siquiera verosímil— ni como expresión de totalidad o visión unitaria alguna. Para ilustrar el carácter formalmente (y no sólo formalmente) abierto que empiezan a tener las obras de arte desde la aparición de las vanguardias, no hace falta recordar los ejemplos extremos del futurismo o del dadaísmo. Más persuasivo y próximo resulta citar el caso de *Altazor* de Huidobro, publicado en 1931, pero comenzado mucho antes, acaso en 1919 y —según algunos críticos, que es lo que nos interesa aquí— nunca terminado [17]. *Altazor* re-

[16] P. Bürger, *op. cit.*, p. 76-81.

[17] Sobre *Altazor* no conozco ningún análisis o interpretación detenida que sea convincente. Algunas observaciones interesantes en J. Concha: « Altazor de Vicente Huidobro », *Anales de la Universidad de Chile,* 133 (1965), p. 113-136; E. Lihn, « Pensar en Huidobro », *Unión*, La Habana, VI, 3 (1968), p. 69-86; vid. tb. mi cit. trabajo sobre « Die literarische Avantgarde... », p. 6-8.

presenta, a la vez, la culminación y crisis del creacionismo de su autor. Es un texto polisémico que expresa, entre otras cosas, la imposibilidad de cambiar las condiciones de vida, una aspiración, como se recordará, que está en los orígenes de la vanguardia. La búsqueda de salvación del protagonista, poseído, en uno de los comienzos del poema, por la angustia de ser (de ser individuo) se va convirtiendo, en paradoja aparente, en júbilo por su (des)integración en el espacio. El poema tiene varios comienzos que convergen hacia un solo final, es decir, la peripecia de su protagonista no se presenta en forma cronológicamente lineal, sino múltiple y simultánea.

Altazor no es, desde luego, el único ejemplo de obra abierta en la historia de la poesía chilena de esos años (y muchos menos en lengua española). La *Antología de Poesía Chilena Nueva* de Anguita y Teitelboim tantas veces citada (1935) nos documenta acerca de la amplitud e importancia que tuvo el vanguardismo como modalidad de producción poética en Chile desde 1918, si estiramos al máximo este momento [18]. En este sentido —dada la larga tradición que ostenta la ruptura— debería extrañarnos el desconcierto que asaltó a los críticos establecidos cuando se publicó *Poemas y Antipoemas* (1954). Pero —al margen del escandaloso atraso de una crítica oficial que no supo asumir la nueva poética y esgrimió sus viejas antiparras— no debe olvidarse que el período heroico del vanguardismo se hallaba suficiente-

[18] E. ANGUITA y V. TEITELBOIM, *Antología de la poesía chilena nueva*, Santiago, Zig-Zag, 1935.

mente recubierto por el desarrollo posterior que habían tenidos los poetas vinculados a él. Los diversos intentos de superación, rechazo, sustitución, prolongación — a veces devenida retórica de salón y, por eso, con justicia criticada —, integración, etc., habían ocupado la primera fila en el escenario público de la poesía.

Contra el todo y otras degradaciones

Entretanto — desde los años del Frente Popular: 1939-1946 — habían hecho también acto de presencia, como ya hemos anunciado, las versiones criollas del realismo socialista o análogo programas de voluntarismo populista. Obras llevadas a cabo bajo su estéril inspiración habían sido publicados por escritores de la misma generación de Parra. La propia « Poesía de la Claridad » de Parra, Oscar Castro, etc. no fue ajena seguramente a las irradiaciones de esta doctrina, ya que coincidía con ella en los buenos propósitos [18b]. Debe recordarse, además, que el Congreso Internacional de Escritores de 1934, celebrado en Moscú, elevó al realismo socialista a doctrina estética oficial de la Tercera Internacional y sus compañeros de ruta, contraponiéndola precisamente a las diversas corrientes del vanguardismo, que fueron consideradas en bloque como manifestaciones aliena-

[18b] Vid. T. Lago, « Luz en la poesía », en *Tres poetas chilenos*, Santiago, Cruz del Sur, 1942, p. 7-25. Vid. tb. V. Teitelboim, « La generación del 38 en busca de la realidad chilena », *Atenea*, 380-381 (1958), 106-131

das de la decadencia burguesa[19]. Grupos semiletrados de escritores comprometidos trataban de reclutar adherentes con metaforones de dudoso gusto y sin ninguna eficacia política (produciendo más bien el efecto contrario). Creían dignificar la materia de sus cantos con la aplicación trasnochada del arsenal literario prevanguardista, puesto al servicio de la causa, es decir, de una causa legítima mediatizada o malversada por la versión stalinista del marxismo[20].

[19] De esta condena, como se sabe, llegó a participar incluso G. LUKAĆS — que seleccionó a Proust, Joyce, Joyce, Kafka y Beckett, entre otros, como representantes del subjetivismo, la alienación, el vacío, etc. — en su conocido *Wider den mißverstandenen Realismus*, Hamburg, Rowohlt, 1958. Una defensa inmediata, en cambio, del carácater revolucionario del surrealismo (representante destacado del vanguardismo en esos años) en KAREL TEIGE, « Il realismo socialista e il surrealismo » (1934), en *Surrealismo, realismo socialista, irrealismo*, Torino, Einaudi, 1982, p. 3-51. Tb. sobre « Los intelectuales y la revolución » escribió K. Teige un ensayo en que, apoyándose en indicaciones de Lenin, legitima la función antiburguesa del vanguardismo y la necesidad de integrar críticamente la herencia cultural al arte revolucionario. Vid su trad. italiana en K. TEIGE, *Il mercato dell'arte*, Torino, Einaudi, 1973, p. 67-105.

[20] Para Cuba e Hispanoamérica, vid. las observaciones de ERNESTO CHE GUEVARA en « El socialismo, el hombre y el arte », cit. de A. SÁNCHEZ VÁZQUEZ (ed.), *Estética y Marxismo*, México, Era, 1970, II, p. 412-415. Allí advierte el Che entre otras cosas: « No se puede oponer al realismo socialista la "libertad", porque ésta no existe todavía, no existirá hasta el completo desarrollo de la sociedad nueva; pero no se pretenda condenar a todas las formas de arte posteriores a la primera mitad del

Estrechamente vinculada a esta doctrina parecía encontrarse también la influyente figura de Neruda y el ambicioso proyecto que había comenzado a realizar desde fines de la Guerra Civil Española. Sería calumnioso —y en el fondo poco importante— insinuar que Neruda asumió oportunista o dócilmente el realismo socialista de esos años, pues creo que en su obra y en su concepción de los deberes del poeta se encontraban desde mucho antes rasgos que le permitieron entroncarse parcialmente con esta doctrina o, al menos, producir la impresión de que durante un bueno trecho seguían caminos paralelos [21].

La aparición de *Canto General* en 1950 produjo, como se sabe, un profundo impacto en los poetas de Chile y América. El volúmen de este monumento (necesariamente desigual en sus vastas proporciones) hizo sentir gravemente su peso en la producción de los poetas jóvenes de Chile y, entre ellos, por cierto, en Nicanor Parra. De hecho, en *Canto General* coexisten, por lo menos, dos líneas del desarrollo poético nerudiano. Una de ellas —representada por « Altura de Macchu Picchu » y otros poemas— había encontrado una concretización inquietamente lo-

siglo XIX desde el trono pontificio del realismo a ultranza, pues se caería en un error proudhiano de retorno al pasado, poniéndole camisa de fuerza a la expresión artística del hombre que hace y se contruye hoy » (*op. cit.*, p. 415).

[21] Sobre este tema, F. Schopf: « Pablo Nerudas Werk im Kontext der chilenischen Dichtung » (1981), en K. Garscha (ed.), *Der Dichter ist kein verlorener Stein*, Darmstadt, Luchterhand, 1986, p. 86-100.

grada en *Residencia en la Tierra.* Los poemas de este libro daban testimonio de una subjetividad que pugnaba dolorosamente por liberarse de las formas de vida alienadas y buscaba en el reconocimiento del origen material del hombre el único camino de su hipotética realización.

Pero la línea más visible de *Canto General* era en esos años —los años de la Guerra Fría— la que parecía identificarse con los propósitos y rasgos centrales del realismo socialista. Los proyectos de totalización —de acceder a una visión total del mundo, junto a una concepción elevada del poeta— se remontan, por cierto, a los inicios de la actividad literaria de Neruda. *Canto General* constituye, en este sentido, una etapa más ambiciosa —y sin duda más preñada de consecuencias— de esta vieja tendencia. Intentaba abarcar en su totalidad —al través de una selección de figuras, paisajes, acontecimientos, etc.— la naturaleza y la historia del Nuevo Mundo. La actitud crítica de muchos intelectuales —a menudo víctimas o agentes ideológicos de la Guerra Fría— se refería a la superposición de cierta concepción de la historia y las funciones de la poesía sobre un amplio sector del libro. La presencia de estas concepciones —identificables con los fundamentos stalinistas del realismo socialista de esos años— se hacía más onerosa y agresiva en otro libro de Neruda, que apareció en 1954: *Las Uvas y el Viento.*

Ciertos rasgos esenciales de esta concepción nerudiana de la poesía (que coexistía con la concepción activa en « Alturas de Machu Picchu » o en algunas de sus odas elementales) despertaron un rechazo implícito y casi sistemático en la búsqueda y producción literaria de poetas como Nicanor Parra. Uno de estos rasgos es la aparición del poeta como sujeto privilegiado por su misión histórico-social. El poeta de *Las Uvas y el Viento* y una parte considerable de *Canto General* es, en efecto, un sujeto elevado que actúa de intermediario entre el pueblo y su historia. Su misión es iluminar el origen y los futuros caminos de su pueblo y la humanidad.

Canto General y las *Odas Elementales* (1954) no se agotan, por cierto, en esta reducción ideológica: no sólo la exceden, sino que la resisten y superan en sus poemas más logrados. Pero la constante contradicción que algunos rasgos relevantes de los antipoemas establecen con este tipo de poesía doctrinal, denuncia que es la dimensión ideológica de esta etapa nerudiana la que Parra tiene especialmente en cuenta en su trabajo de producción poética.

Herencias del antipoeta

No nos interesa aquí describir exhaustivamente la figura del antipoeta, tal como se expresa y representa en los antipoemas. Esta descripción ha sido intentada ya varias veces, con mayor o menor (des)acierto y amplitud[22]. Quisiera ahora más bien

[22] Cf. mi « Introducción... », pp. 42-50. Tb. L. Morales, *La Poesía de Nicanor Parra,* Santiago, Andrés Bello, 1972, pp. 47-48, 57-63, 79-87; J.M. Ibañez Langlois, « La Poesía de Nicanor Parra », en N. Parra, *Antipoemas,* Barcelona, Seix Barral, 1972, p. 9-12.

discutir críticamente la relación que muestran ciertos rasgos del protagonista y también del sujeto de los antipoemas con algunas de las modificaciones que introdujo el vanguardismo en la figura del poeta y en el sujeto representado en el discurso poético. Acaso sea en la consideración de estos aspectos de su obra donde se muestre más claramente que Parra no se limita a copiar o a reproducir estos rasgos del vanguardismo, es decir, a aplicarlos sobre la materia de sus experiencias y el lenguaje. Parra no sustituye simplemente los dos modelos de poesía que predominaban en el ambiente literario de Chile en esos años —cierto tipo de poesía comprometida y cierto vanguardismo institucionalizado— por la asumpción directa de la poesía vanguardista del período heroico. Las características de sus antipoemas son el resultado de un arduo trabajo con los materiales expresivos y con su propia experiencia: constituyen un producto literario que no sólo reelabora la herencia vanguardista y, en ciertas dimensiones, la supera, sino que se convierte en el último paso, el paso definitivo, a mi juicio, para su sustitución, que había llegado a hacerse una necesidad histórica.

El antipoeta no se autorrepresenta como una personalidad elevada o investida de privilegios en su relación con el mundo. La vehemencia con que niega esta condición al poeta no proviene sólo de las dificultades que encuentra en su trabajo poético o en sus intentos de aclarar su situación existencial, sino de su irritado rechazo del tipo de poesía comprometida que, como hemos dicho, representan *Las*

Uvas y el Viento y algunos poemas de *Canto General*. Neruda es, por cierto, un poeta profunda y exclusivamente materialista; sin embargo, había necesitado autorrepresentarse —en diversos momentos de su obra— como un poeta elevado que, más allá del deber mismo, se sentía llamado a cumplir funciones socialmente decisivas con su quehacer poético. Su condición de poeta elevado, su inspiración, no podía atribuírla a la gracia de una trascendencia que su obra niega radicalmente, sino a particularidades o circunstancias de una biografía que —según una interpretación que le impone el propio Neruda— le conduce progresiva, necesariamente a una síntesis grandiosa de experiencia y teoría. El poeta es un viajero y muy pronto un luchador que, desde una infancia íntimamente vinculada a la naturaleza y al trabajo aún no alienado, ha ido abarcando cada vez más sectores del mundo, hasta entregarnos panoramas de una totalidad imposible, que comprenden incluso el porvenir. De esta posición surgen también *Los Versos del Capitán* (1952) que dejan caer sobre la amada, gravemente, todo el peso de la historia:

> Ay qué incomoda a veces
> te siento
> conmigo, vencedor entre los hombres!
> Porque no sabes
> que conmigo vencieron
> miles de rostros que no puedes ver...
> que soy más fuerte
> porque llevo en mí
> no mi pequeña vida
> sino todas las vidas
> y ando seguro hacia adelante

porque tengo mil ojos,
golpeo con peso de piedra
porque tengo mil manos
y mi voz se oye en las orillas
de todas las tierras
porque es la voz de todos
los que no hablaron
de los que no cantaron
y cantan hoy con esta boca
que a ti te besa[23].

El protagonista de los antipoemas es, en cambio, un hombre del montón: no necesita reducir, ampliar ni sacrificar parte alguna de su personalidad para situarse en el nivel común de los mortales. Tiene incluso una desventaja frente a sus conciudadanos de la capital: su socialización en la provincia, que le ha llevado a forjarse una imagen idealizada de la gran ciudad: allí, en las formas de vida más modernas, más cerca de la actualidad mundial, encontrará su realización. Desde la distancia provinciana, las posibilidades de consumo de la modernidad (dependiente) adquirían una apariencia fascinante, pero no se advertían las condiciones que determinaban y transformaban cualitativamente ese consumo.

Ya en la ciudad, el protagonista de los antipoemas deambula por calles y plazas, pensiones, casas particulares, cementerios, jardines. Sufre un golpe tras otro[24]. Un sentimiento de frustración permanente,

[23] Pablo Neruda, « Las vidas », en *Los versos del Capitán* (1952), Obras Completas, Buenos Aires, Losada, 1962, p. 910.

[24] Una vuelta fugaz a la provincia le revela que también allí reinan relaciones de explotación: sus propias

el exceso de trabajo o de ocio, la explotación económica, la represión sexual, el fetichismo, le explotación sexual, la neurosis y la histeria particular y colectiva, la paranoia, la manipulación ideológica, los vicios del mundo moderno arrastran a situaciones extremas de agotamiento o de pérdida del control sobre sí mismo. Sus esfuerzos por aclarar su situación están fundamentalmente (des)orientados por influencia inadvertida de la ideología dominante, tanto en la forma cuanto en el contenido de sus intentos:

Con una hoja de papel yo entraba en los cementerios
dispuesto a no dejarme enganar.
Daba vueltas y vueltas en torno al mismo asunto,
observaba de cerca las cosas
o en un ataque de ira me arrancaba los cabellos[25].

Vista externamente, su conducta es anormal, patológica. No corresponde ni a las expectativas con que llegó a la ciudad ni a los modelos que la sociedad impone. La vida en la capital, la lucha por abrirse paso en la gran ciudad, ha transformado al protagonista en un pelele, un payaso tragicómico que se desplaza, de manera delirante, a impulsos de fuerzas encontradas, externas e interiores —proveniente del ego, del super ego, del inconsciente—, que lo empujan en direcciones múltiples, contradicto-

tías lo engañan miserablemente. La sociedad se homogeniza, se moderniza ideológicamente. Vid. « El túnel », *Poemas y Antipoemas*, p. 86-89.

[25] N. PARRA, « Recuerdos de Juventud », *Poemas y Antipoemas*, p. 85-86.

rias, simultánea o sucesivamente. Sin embargo, en medio de este caótico bombardeo, el protagonista accede insperadamente —para él y para nosotros: he aquí una de las virtudes de la antipoesía— a esporádicos momento de lucidez. El desarreglo de los sentidos, involuntario, por cierto, su « desastroso estado mental » promueve relaciones consigo mismo y con la realidad que escapan a los controles ideológicos. El protagonista percibe súbitamente intersticios, grietas en la superficie normalmente opaca, impenetrable de la vida cotidiana y de las instituciones que salvaguardan el orden público y lo fomentan. Al través de estos agujeros —el ojo de una cerradura, una puerta entreabierta que deja ver los restos de una lechuga, una vista sobre un cementerio [25b]— el protagonista alcanza a ver, obtiene el

[25b] Vid. « Palabras a Tomás Lago », *Poemas y Antipoemas*, p. 83-85: « Me refiero a una luz. / Te ví por vez primera en Chillán / en una sala llena de sillas y mesas / a unos pasos de la tumba de tu padre. / Tú comías un pollo frío, / a grandes sorbos hacías sonar una botella de vino... ». En realidad, la aproximación de un restaurant en que un amigo almuerza y la tumba de su padre es la que produce esta sensación de escalofrío ante la vida que va hacia la muerte, que parece tan lejana y en verdad está tan cerca. Un « frisson » semejante — sobre la base de la noción de imagen que los surrealistas adoptaron de Reverdy — intentó producir A. Breton en *L'amour fou* (1937): « Le 10 avril 1934... je déjeunais dans un petit restaurant situé assez désagréablement près de l'entrée d'un cimitière ». Pero la ambientación de Breton es menos modesta: está cargada de presagios (acaso sublimes): el poeta desayuna —y no cena— « en pleine occultation de Venus par la lune (ce phénomène ne devait se produire qu'une fois

tiempo de ver, más allá de las apariencias, lo que éstas encubren o, mejor dicho, enmascaran: una realidad social fragmentada, en que las relaciones humanas están contaminadas por una sórdida instrumentalización y explotación del prójimo (más tarde se salvará de esta acusación sólo la madre); una realidad social en que cada parte de la moral establecida e impuesta institucionalmente se descubre como un instrumento más de dominio y falsa justificación de las clases dominantes. Estas clases son también aprehendidas fragmentariamente, no al través de una selección de representantes ejemplares —que puedan exibirse alegóricamente en visiones

dans l'année », es decir, en una circunstancia excepcional y no cotidiana (Cit. de ed. Gallimard, Paris, 1976, p. 24-25). Pero hay en Parra también muy probablemente una vivencia anclada en su infancia: « Viví la parte más importante de la infancia y la adolescencia cerca de un cementerio. Vivíamos en el barrio de Villa Alegre, y todos los días veía pasar carrozas que pasaban al cementerio llenas de flores y regresaban vacías. Nuestros juegos de niños y nuestras picardías las hacíamos en el cementerio en medio de las tumbas. Después, iba a estudiar mis materias del liceo en medio de su silencio acogedor... Por ese barrio entraban los productos agrícolas destino a la feria: sandías, el vino, el trigo, semillas. La ciudad se alimentaba por allí, por esa calle, y por allí salía también la muerte. De cordillera a mar pasaba la muerte, de mar a cordillera pasaba la vida; muchas veces, recuerdo, ví cruzarse un piño enorme de vacunos guiados por huasos gritones y entusiastas con una carroza y su cortejo silenciosos y triste; de lejos los veía aproximarse, enfrentarse, fundirse y luego separarse, cada uno hacia su inmutable destino », N. PARRA, declaraciones a *Vistazo*, Santiago, 02.10.1962, p. 21.

de pseudototalidad abstracta —, sino en individuos con que el protagonista se topa accidentalmente en su recorrido (in)voluntario de la sociedad. Así, en « Los vicios del mundo moderno » aparecen algunos empresarios que son víctimas del mismo sistema que contribuyen a desarrollar (y que muy pronto no pueden controlar como totalidad, ni siquiera en los efectos que tiene sobre ellos mismos; en su caso, descuido de la propia salud en el afán obsesivo de acumular capital):

Los industriales modernos sufren a veces el efecto de
[la atmósfera envenenada,
junto a las máquinas de tejer suelen caer enfermos del
[espantoso mal del sueño
que los transforma a la larga en unas especies de án-
[geles[26].

Ya hemos sugerido que el protagonista no utiliza sistemáticamente el « desarreglo de los sentidos » como método de conocimiento. Dado que no dispone de la libertad necesaria ni de un estado de ánimo despreocupadamente inquieto o mórbidamente metafísico, tampoco recorre la ciudad sin meta precisa y en espera del *encuentro casual* que le permita atisbar las relaciones secretas del mundo. Su conducta, lo sabemos, no es elegida; todo lo contrario, sufre el efecto de fuerzas exteriores que, en su mayoría, actúan centrífugamente sobre su identidad, sometiéndola a tensiones extremas. Si esta identidad

[26] N. PARRA, « Los vicios del mundo moderno », *Poemas y Antipoemas*, p. 96-100.

aún no se desintegra se debe —entre otros factores de su resistencia— a que aún subsiste su búsqueda de realización y sentido, esencialmente orientada hacia el prójimo, es decir, hacia su propio ser social, una búsqueda que reserva, podría decirse, las últimas energías que le quedan para el momento en que un estímulo, ya completamente casual, le abra las posibilidades de penetrar tras el manto de las apariencias, esto es, tras la enajenación de sí mismo y sus ciudadanos.

Es la casualidad la que ha permitido al protagonista el (re)conocimiento de su situación. Es la causalidad la que ha dado lugar al encuentro entre su sensibilidad exacerbada y una situación social en que el deterioro o los desajustes entre conducta y fundamento moral se han hecho repentinamente visibles. Sin embargo, el contenido de cada uno de sus actos no es casual: por el contrario, muestra cada vez una relación que parece necesaria o, al menos, compatible entre ideología y encubrimiento, trabajo, explotación y alienación, tiempo libre y tolerancia represiva, relaciones humanas establecidas, utilitarismo y cosificación, etc. La repetición de experiencias análogas de conocimiento, casual y fragmentario, juega aquí un papel esencial. Su acumulación no permite al protagonista llegar a un conocimiento progresivo y abarcador de la sociedad en que vive. Por otra parte, el sujeto del discurso antipoético tiene dificultades ostensibles para hacer generalizaciones sobre su vida y la vida de los otros. En cada una de sus experiencias constata que las totalizaciones tradicionales se han convertido en encubrimientos ideológicos. En el mundo de los antipoemas no hay totalización que no sea falsa, es decir, negada por otra experiencia: según el modo de ver del antipoeta, « el cielo se está cayendo a pedazos », pero él tiembla, bien que soñando, cuando golpea a su madre frente a las tablas de la ley mosaica [27]. Presenta a su amada como una víbora que lo consume y explota inmisericordemente, por lo que decide abandonarla, pero a la vez se siente atraído por ella de manera irresistible. Al final de « Los vicios del mundo moderno » concluye que la vida no tiene sentido, es absurda —por lo cual cultiva un piojo en su corbata—, pero muy pronto sigue angustiándose, ya que no encuentra un proyecto para su existencia.

Las dificultades del antipoeta para acceder a representaciones generales no pueden atribuírse sólo a que sus relaciones con la realidad están mediatizadas por su subjetividad cada vez más desconcertada, es decir, por una identidad precaria que, paradójicamente, vemos deshacerse a medida que el antipoeta atisba en la sociedad y en sí mismo y penetra más allá de las apariencias y certezas. Precisamente por ello —porque cada vez se expresa él menos o nos produce esa impresión— puede sospecharse, acaso también ilusoriamente, que el discurso antipoético recoge manifestaciones diversas de la realidad social, manifestaciones que ya no pueden comprenderse como partes sistemáticas de una tota-

[27] N. Parra, « Advertencia al lector » y « Las tablas », *Poemas y Antipoemas*, p. 96-101.

lidad armónica, esto es, como referencias múltiples a una totalidad orgánica y coherente. Por el contrario, estas manifestaciones aparecen más bien como fragmentos contradictorios que impiden o hacen estallar cualquier intento de ensamblarlos en una totalidad, tal como ha sido concebida tradicionalmente, o en una pseudototalidad en que —desde un saber abstracto y previo a la experiencia, es decir, desde otra ideología— se resuelvan y superen autoritariamente las contradicciones de la realidad social representada o referida[28]. La fuerte compulsión, en el ámbito literario de esos años, a la pseudototalización, es uno de los motivos esenciales que conducen al antipoeta al rechazo de la elevación y el saber omnisciente como rasgos constituyentes del poeta moderno: tal como la formularon Georg Grosz y John Heartfield en los lejanos años del dadaísmo revolucionario, el antipoeta está de nuevo contra « el endiosamiento del artista, que es idéntico con el autoendiosamiento, ya que el artista no se encuentra nunca sobre el medio y la sociedad que lo sustenta »[29].

[28] Como en el caso de la doctrina literaria impuesta, entre otros, por A. Zdanov (« Die Sowjetliteratur, die ideenreichste und fortschrittlichste Literatur der Welt », en H.J. Schmitt y G. Schramm, eds., *op. cit.*, p. 43-50) en el Congreso de Escritores de Moscú de 1934. Esta doctrina fué recogida en sus líneas generales por muchos escritores comprometidos de Chile en esos años y también por Pablo Neruda en *Los versos del capitán* (1952) y *Las uvas y el viento* (1954), por ej.

[29] G. Grosz y J. Heartfield, « Der Kunstlump »,

El surrealismo

No cabe duda que el surrealismo ha dejado también sus huellas en la nivelación del poeta que practica Parra y en la concepción de la « verdad poética » presente en los antipoemas. Conocido es el tránsito surrealista desde « el encuentro casual de la máquina de coser con el paraguas en la mesa de disecciones » hasta el *objet trouvé*: pero en los antipoemas no hay desarticulación intencional del orden real, no hay una búsqueda o experimentación en este sentido, sino más bien lo contrario: un choque con fragmentos de la realidad social que a veces —más allá de su orden autoritario y su racionalidad inobjetable— revela la irracionalidad e inhumanidad profundas que dan origen a las formas vigentes de relación social y a la institucionalización de la sociedad. No podría decirse que es la sociedad misma —devenida un sujeto monstruoso— la que experimenta y juega con el protagonista de los antipoemas y sus conciudadanos. Parra no incurre en esta animificación o incluso naturalización de la realidad social. Pero tampoco son « los hombres ruiseñores que controlan la vida económica de los países » los que manipulan directamente el todo de la vida social, económica, política, etc., informándola y controlándola completamente de acuerdo

en *Der Gegner,* 10-12 (1919-1920), p. 48-56. Cita: « Die Vergottung des Künstlers ist gleichbedeutend mit Selbstvergottung. Der Künstler steht nie höher als sein Milieu und die Gesellschaft darjenigen, die ihn bejahen ».

a sus intenciones y cálculos [30]. En el mundo de los antipoemas, también ellos están alienados y han perdido de vista la totalidad. Quizás ahora se haga más claro por qué las propias conclusiones o « totalizaciones » a que llega el antipoeta no pueden tener sino una extensión y comprensión limitadas, un campo de validez temporalmente circunscrito. Expresan más bien la situación desesperada del antipoeta antes que juicios generales sobre la realidad referida.

La inspiración

En el horizonte moderno tampoco parece haber sitio para la « inspiración ». Si los poetas reconocen algún estímulo equivalente en su producción literaria, no lo atribuyen a ninguna potencia sobrenatural. La trascendencia ha desaparecido del horizonte y — salvo para algunos poetas religiosos que aún la buscan — no hace sentir su presencia en las decisiones de la vida cotidiana ni en la problématica filosófica de nuestros días. Hace bastante tiempo (1887) que « el más grande de los acontecimientos rccientes: la muerte de Dios » — para parafrasear a Nietzsche — ha arrojado sus sombras sobre Europa [31]. Estas sombras se extendieron también hacia

[30] N. PARRA, « Los vicios del mundo moderno », *Poemas y Antipoemas,* p. 96-100.
[31] FR. NIETZSCHE, *Die fröhliche Wissenschaft* (2ª ed. 1887), V, § 343 cit. de FR. NIETZSCHE, *Werke,* ed. K. Schlechta, Stuttgart, Ullstein, 1976, II, p. 479-480.

Hispanoamérica o, mejor dicho —ya que no se trataba sólo de una importación literaria— comenzaron a surgir en ella ya en las postrimerías del Modernismo. *Los Heraldos Negros* (1918) de César Vallejo — un poeta esencialmente ligado a la vida social, al sufrimiento cotidiano— traen ya la constatación de la agonía de Dios: el día que el poeta nació, estaba Dios gravemente enfermo [32]. No mucho tiempo después, desde las alturas siderales, *Altazor* proclama la muerte definitiva de Dios, víctima de la Primera Guerra Mundial. Pero no sólo los dioses, recuerda Parra, junto con ellos, los poetas han

[32] C. VALLEJO, « Espergería » (1918): « Yo nací un día / que Dios estuvo enfermo », en *Los heraldos negros* (1918), en *Poesía Completa,* ed. de J. Larrea, Barcelona, Barral, 1978, p. 361-362. Antes, en « Retablo » (1917), también incluido en *Los heraldos negros,* el poeta habla del « suicidio monótono de Dios » (*Poesía Completas,* p. 341). Sobre este tema vid. R. GUTIÉRREZ GIRARDOT, « César Vallejo y la muerte de Dios » (1969) en ANGEL FLORES, *Aproximaciones a C.V.,* New York, Las Américas, 1971, I, p. 335-350. Para el tema de la muerte de Dios, en Hispanoamérica, es importante NIETZSCHE, pero también ciertos textos de G. DE NERVAL, especialmente los sonetos de « Le Christ aux Olivieres » (1844), ahora en *Oeuvres,* Paris, NFR, 1956, col. La Pleiade, 1956, p. 36. NERVAL mismo — importante introductor del romanticismo alemán en Francia — fué descubierto y revalorado sólo en nuestro siglo (por Proust, Apollinaire, los surrealistas). También poemas como « L'Azur » (1864, publicado en 1866) de MALLARMÉ han tenido influencia en la poesía hispanoaméricana desde el modernismo (sobre su presencia en Darío, vid. E.K. MAPES, *L'influence française dans l'oeuvre de Rubén Darío,* Paris, 1925, p. 36. Vid. tb. p. 63, 67, 77, 78, 84, 85, 144).

bajado —o tenido que bajar— también del Olimpo [33].

Uno de los vanguardistas que más tajantemente formuló esta terrenalización del artista fué Max Ernst; por ejemplo, en su prólogo a un catálogo de pintura surrealista (1934): «La última superstición que —como triste residuo del mito de la creación— conservaba aún el ámbito de la cultura occidental, era la patraña de la creatividad del artista. Uno de los primeros actos revolucionarios del surrealismo fue atacar este mito con todos los medios objetivos y del modo más enérgico posible. Para tener éxito, insistió en el papel pasivo del autor dentro del mecanismo de la inspiración poética y desenmascaró todo control activo de la razón, la moral o las consideraciones estéticas... Puesto que, según se sabe, todo hombre normal (y no sólo el artista) lleva en el subconsciente un acerbo inagotable de imágenes sepultadas, es cuestión de armarse de valor o de un procedimiento liberador (como la *écriture automatique*) para sacar a luz «imágenes» no falsificadas por controles de ninguna especie, y cuyo encadenamiento pueda calificarse de conocimiento irracional u objetividad poética [34].

[33] N. PARRA, *Manifiesto*, Santiago, Nascimento, 1962. Ahora en *Obra Gruesa,* Santiago, Universitaria, 1969, p. 211-214.

[34] M. ERNST, en *Was ist Surrealismus* (1934). Prefacio al catálogo de una exposición en Zürich, 1934, en que participaron M. Ernst, H. Arp, J. Miró, A. Giacometti, J. González, etc. Cit. de M. ERNST, catálogo de exposición en Stuttgart, 24.01-15.03 1970, p. 49-50.

De este tipo de declaraciones —que, en última instancia, retrotraen a los descubrimientos de Freud— y del ejemplo, esto es, del espectáculo y producción que despliegan los vanguardistas, extrae Parra una parte importante de sus materiales expresivos y también antecedentes para la legitimación de su empresa. Pero no se limita a la mera recepción de estas proposiciones. Desde ya su concepción del antipoeta no es sólo la de un sujeto pasivo. El antipoeta es un sujeto marcado por su necesidad de búsqueda al que, según hemos visto, los estímulos del mundo exterior no sólo sacuden como a una víctima o a un zombie. Estos estímulos —que en en parte son intentos de manipulación, control, agre-

Cita: « Als letzter Aberglaube, als trauriges Reststück des Schöpfungsmythus blieb dem westlichen Kulturkreis das Märchen vom Schöpfertum des Künstlers. Es gehört zu den ersten revolutionären Akten des Surrealismus, diesen Mythus mit sachlichen Mitteln und in schärfster Form attackiert und wohl auf immer vernichtet zu haben, indem er auf die rein passive Rolle des "Autors" im Mechanismus der poetischen Inspiration mit allem Nachdruck bestand und jede "aktive" Kontrolle durch Vernunft, Moral oder ästhetische Erwägungen als inspirationswidrig entlarvte... Da jeder "normale" Mensch (und nicht nur der "Kunstler") bekanntlich im Unterbewußtsein einen unerschöpflichen Vorrat an vergrabenen Bildern trägt, ist es Sache des Muts oder befreiender Verfahren (wie der "écriture automatique") von Entdeckungsfahrten ins Unbewußte unverfälschte (durch keine Kontrolle verfäbte) Fundgegenstände ("Bilder") ans Tageslicht zu fördern, deren Verkettung man als irrationale Erkenntnis oder poetische Objektivität bezeichnen kann ».

sión, etc. — desatan en su « interioridad » asociaciones y procesos psíquicos no controlados por la razón instrumental y que le conducen — como hemos sugerido — a un modo de conocimiento o iluminación fragmentaria de la realidad social.

El antipoeta y el creacionismo

Sin embargo, el antipoeta no está tampoco dispuesto a asumir resueltamente la concepción activa del poeta — que había sostenido Huidobro hacia 1925 — como un sujeto dotado de « superconciencia » [35]. En una primera etapa del creacionismo, esta « superconciencia » pretendía ejercer un dominio absoluto sobre el discurso poético y sus contenidos, en la medida que estos no tocaban directamente la realidad, es decir, en la medida que el poema era « autónomo » en el sentido de que no hacía referencias al mundo real, sino a otro mundo exclusivamente imaginario [36]. Pero incluso estos poemas pro-

[35] V. HUIDOBRO, « Manifiesto de Manifiestos » (1925). Orig. en *Manifestes*, Paris, Ed. de la Revue Mondiale, 1925. Cit. de *Obras Completas*, p. 661-672, esp. 664.

[36] Esta concepción de la poesía comienza a ser practicada por HUIDOBRO en 1916. Vid « Arte poética » en *El espejo de agua,* Buenos Aires, 1916. Vid. tb. el prefacio a *Horizon Carré,* Paris, 1917: « créer un poème en emprunant à la vie ses motifs et en les transformant pour leur donner une vie nouvelle et indépendante », *Obras Completas*, I, p. 261. Las ideas de « mundo

gramáticamente creacionista muestran que el discurso poético posee dimensiones que escapan al control de la « superconciencia » y sus pretensiones hegemónicas y autonomistas: imágenes de la tierra natal se deslizan furtivamente en el mundo creado y provocan un indeclinable sentimiento de nostalgia en el poeta. Estas imágenes introducen un quiebre, una contradicción en el mundo comunicado por los poemas. Con el paso del tiempo —desde 1918 hasta 1929 —la necesidad de expresar su situacion real en su poesía condujo a Huidobro a una crisis que se manifiesta plenamente en *Altazor* [37].

Aparece Wittgenstein y el Circulo de Viena

Por cierto, la renuncia de Parra a que el antipoeta tenga una « superconciencia » —que surge

creado », « objeto creado », autonomía del arte son la base de sus mencionados *Manifestes* de 1925, en *Obras Completas*, I, p. 651-699.

[37] El poema habría sido comenzado ya en la posguerra; hay al respecto indicación en el propio poema (que no es, por cierto, prueba de nada), Canto I. Fragmentos del prefacio en *La Nación*, 25.04.1925, con advertencia de que es traducción de Juan Emar. Otra anticipación, de un fragmento del canto IV, en *Panorama*, Santiago (abril 1926), etc. Más información en NICHOLAS HAY; « Guía bibliográfica de V.H. », en *Obras Completas,* Santiago, Andrés Bello, 1976, II, p. 723-765, ed. de Hugo Montes, En « Silvana Plana », fragmento de *Vientos Contrarios* (1926), en Obras Completas, I, p. 732 hay indicaciones cronológicas sobre *Altazor.*

fundamentalmente de sus propias experiencias — no se sustenta sólo en antecedentes literarios como algunas caricaturas del realismo socialista o como *Altazor*, que exhibe su fracaso cognoscitivo y de totalización como contenido central de su comunicación poética. Habría que agregar ahora que sobre la cautelosa actitud de Parra respecto a la elaboración de la figura del antipoeta ejerce también una fuerte influencia una fuente no literaria que, como el dadaísmo, surgió y se desarrolló desde finales de la Primera Guerra Mundial: la corriente de pensamiento vinculada a Ludwig Wittgenstein y al Círculo de Viena, cuyos miembros — como algo legendariamente se declara en « Advertencia el lector » — « se dispersaron sin dejar huella », aunque más bien el contrario reaparecieron en algunas modalidades del empirismo lógico y su discusión crítica.

De hecho, algunas observaciones de Wittgenstein acerca de los límites del pensamiento lógico y su expresión lingüística — contenidas en su *Tractatus Logico-Philosophicus,* concluído en 1918 y publicado años más tarde lleno de erratas — tuvieron un efecto astringente sobre la subjetividad del antipoeta: le advirtieron sobre las condiciones en que se daba su relación inmediata con la realidad y le condujeron a restringir la aparente validez general de sus experiencias y « visiones »[38].

[38] Vid. N. Parra, « Advertencia al lector », *Poemas y Antipoemas,* p. 76, v. 18-38; « Rompecabezas », p. 78, v. 16-17, 20-21; « Recuerdos de juventud », p. 86, v. 24-28, etc.

La búsqueda del antipoeta —mantenida, como hemos visto, en medio de la corriente en que es arrastrado— quiere conectar la praxis social con el conocimiento de sus fundamentos y, en este sentido, parece alejada de las investigaciones lógicas de Wittgenstein. Por cierto, los propósitos que presidían el trabajo del filósofo no pueden ser discutidos aquí. Pero que Wittgenstein no negaba la legitimidad y, más aún, la necesidad de la ética lo indica ya una carta de 1919 en que él mismo advertía a un amigo: « El sentido de mi libro (se refiere al *Tractatus*) es ético... Mi obra se compone de dos partes: la que aquí presento y aquella que no he escrito. Precisamente esta segunda parte es la más importante »[39]. Este fragmento nos hace recordar el final del *Tractatus*, en que se nos dice que « de aquello de que no se puede hablar, debe uno callarse »[40]. Pero la antipoesía es justamente expresión —y referencia— de esta contradicción entre los límites del conocimiento y cierta necesidad existencial. Surge ella —la necesidad y su expresión— cuando ya han pasado los tiempos en que los hombres han llegado « a ver claramente el sentido de la vida y, sin embargo, no pueden decir en qué consiste »[41].

[39] L. WITTGENSTEIN, carta al editor Ficker, escrita a comienzos de noviembre de 1919. Cit. en ADOLF HÜBNER, Einführung a *Wörterbuch für Volksschulen* (1926) de L. WITTGENSTEIN, Wien, Verlag Hölder-Pichler-Tempsky, 1977, p. VII.

[40] *Tractatus logico-philosophicus*, § 7.

[41] L. WITTGENSTEIN, *op. cit.*, § 6.521.

Mecanismos de expresión

Es justamente la decisón o, mejor dicho, la necesidad de arraigar al sujeto antipoético en su situación existencial — en los difíciles años de la Segunda Guerra Mundial y el Frente Popular atravesado de contradicciones — la que va a determinar el carácter crítico de la relación de Parra con dos procedimientos expresivos que el surrealismo introdujo en la literatura: la *écriture automatique* y la transcripción de los sueños. Quizás haya que agregar que la cautela de Parra se debía, en no escasa medida, al abuso que, en esos años, hacía el surrealismo a la moda de estos y otros procedimientos. Ya el mismo Breton se había visto en la obligación de advertir — bien que recién en 1942, esto es, con bastante retraso — que « ha llegado el momento en que el surrealismo no puede ni mucho menos suscribir cuanto se hace en su nombre, abiertamente o no, en lo más diversos lugares »[42]. Poco más adelante, censuraba en muchas de estas actividades « cierto conformismo harto patente »[43]. La representación consular del surrealismo en Chile se había fundado muy tardíamente — por los poetas de *La Mandragora* en 1938 — y nunca logró alcanzar credenciales o crédito en el ámbito de la disidencia[44].

[42] A. Breton, *Prolégomènes à un troisième manifeste du surréalisme ou non* (1942). Cit. de *Manifestes du surréalisme*, Paris, Gallimard, 1973, p. 162.

[43] A. Breton, *op. cit.*, p. 169.

[44] Vid. de Braulio Arenas (1911): « La Mandrágora », *Atenea*, 380-391 (1958), p. 9-13 y « Trayectoria

Su novedad algo trasnochada era exclusivamente literaria, es decir, había perdido contacto con los propósitos de insurrección total que habían animado al surrealismo en su período heroico. El surrealismo de *La Mandragora* « resonó en un tono en que el furor poético era también academia, reminiscencia, erudición y parodia »[45]. A pesar de ello, las actividades del grupo —más que sus obras, entre las cuales debe destacarse ciertos relatos de Braulio Arenas— reforzaron la atención sobre el surrealismo como un arsenal de recursos, estímulos y posibles caminos alternativos en el horizonte literario de esos años. Ahora —desde la distancia o « altura de los tiempos » que nos da la ilusión de contemplar textos y figuras en sus respectivos contextos— una parte considerable de la agitación y obra de estos escritores cobra la apariencia de una actividad sustitutiva, forma de evasión o sublimación en el sentido de Freud[46]. « Lo que *se hace* se parece muy

de una poesía », en A. Calderón, *Antología de la poesía chilena contemporánea*, Santiago, Universitaria, 1970, p. 287-290. Para el surrealismo en Chile: D. Musaccio, « Le surréalisme dans la poésie hispanoaméricaine », *Europe*, 475-476 (1968), p. 270-274; E. Lihn, « El surrealismo en Chile », *Nueva Atenea*, 423 (1970), p. 91-96; St. Baciu, *Antología de la poesía surrealista latinoamericana*, México, Mortiz, 1974, p. 86-98; C. Goić, « El surrealismo y la literatura iberoamericana », *Revista Chilena de Literatura*, 8 (1977), p. 5-34.

[45] E. Lihn, *op. cit.*, p. 95.

[46] Algunos lugares en que Freud habla de la sublimación en los sentidos que nos interesan: « Sublimierung »,, en *Drei Abhandlungen zur sexual Theorie* (1905), cito por S. Freud, *Werkausgabe in zwei Bänden,* eds,

poco a lo que *se quiso hacer* » denunciaba Breton por esos mismos años en su *Prolegómenos a un Tercer Manifiesto Surrealista o No* (1942)[47]. Breton se refería, sin duda, a las diversas falsificaciones, mercaderías y juegos de espiritismo que corrían bajo el nombre de surrealistas y que él no podía controlar, pero su observación podría muy bien extenderse hasta el surrealismo más ortodoxo del momento, es decir, hasta el desarrollo de su propia obra y la de sus adláteres.

En este punto me parece que se inserta la crítica de Parra. Ella no es el resultado de una reflexión crítica sostenida que, por lo demás, no se encuentra en los escasos artículos o manifiestos del autor. Surge más bien de sus experiencias en la vida diaria y del trabajo mismo del antipoeta que, con el delantal puesto, ensaya en su taller los materiales con que confecciona y elabora la antipoesía. Así, en « La Trampa », la práctica de un método onírico, gracias al cual sueña lo que desea, no logra alejar al protagonista de la atracción irresistible que sobre él ejerce

A. Freud y I. Grubich-Similis, Frankfurt, Fischer, 1978, I, p. 314-315; *Das Ich und das Es* (1923), op. cit., I, p. 381,392, 400; *Eine Kindheitserinnerungen des Leonardo da Vinci* (1910), op. cit., p. 146-190; *Das Unbehagen in der Kultur* (1930), op. cit., II, p. 146-189, 378-391; *Massenpsychologie und Ich Analyse* (1921), op. cit., II, p. 474-482. Sobre las funciones de la sublimación en las distintas actividades sociales, vid. el importante estudio de MARCUSE: *Eros and civilization. A philosophical Inquiry into Freud*, Boston, Beacon Press, 1953. Tb. Norman O. Brown, *Life against Death*, Middletown, Conn., Wesleyan University, 1959, esp. parte IV.

[47] A. BRETON, *op. cit.*, p. 162.

una mujer. Su relación con esa mujer ha sido una catástrofe, una suma de frustraciones, pero él cae irremediablemente en la trampa de llamarla por teléfono, que sólo le provoca más frustraciones. En el poema, el método onírico se presenta, antes que nada, como medio de evasión. Poco antes, en « El Túnel », el mismo protagonista, que asiste a dos ancianas necesitadas de ayuda, pasa las noches « absorbido en la práctica de la escritura automática » hasta que en una ocasión — mirando por el ojo de una cerradura, es decir, haciendo algo no permitido — descubre que una de ellas, su tía paralítica, caminaba perfectamente. Bajo el efecto del shock — que « rompe la campana de vidrio que se llama Arte » — reconoce bruscamente la realidad de esas relaciones familiares [48].

Una de las raíces de este uso alienado de la *écriture automatique*, la transcripción onírica, etc., hay que buscarla en la disposición — tan agudamente observada por Victor Crastre — de estar o sentirse *en vacaciones* más o menos permanentes que caracterizó a los surrealistas desde la fundación del grupo [49]. No es ella la actitud del paseante atraído y asqueado simultáneamente por « los vicios del mundo moderno ». No es la actitud del sujeto arrojado a la calle porque no tiene casa o no la desea, o porque está aguijoneado por una búsqueda con o sin objeto. No es la agitación de un sujeto acosado

[48] N. PARRA, « El túnel », *Poemas y Antipoemas,* p. 88.

[49] V. CRASTRE, « Vida surrealista », en B. ARENAS, *Actas Surrealistas,* Santiago, Nascimento, 1974, p. 23-28.

y delirantemente fuera de sí (como es el caso del protagonista de los antipoemas). Es la disposición libre de alguien que despreocupadamente —como si su libertad no se estableciera en imbricación con el mundo empírico— sale en busca de aventuras, con el espíritu lleno de espectativas y que, de pronto, tropieza con el *objet trouvé*, se siente arrebatado por el azar maravilloso y se deja arrastrar por él, sin medir (supone él) las consecuencias. La pasión, el poder irresistible de los sentimientos, el compromiso con el prójimo no están en el comienzo de esta búsqueda despreocupada, sino que se despiertan, salen a la superficie, en el momento en que la deambulación libre se convierte en el encuentro que se desea, ardientemente esperado y que, no obstante, conduce a la desesperación por su carácter inestable, pasajero [50].

Ahora bien: de esta libertad subjetiva —que en verdad es indicio y sustituto de la falta de libertad

[50] O un encuentro inalcanzable como en *Nadja* (1928) de BRETON: « je l'ai constaté encore l'année dernière le temps de traverser Nantes en automobile et de voir cette femme, une ouvrière, je crois, qu'acompagnait un homme, et qui a levé les yeux: j'aurais dû m'arrêter » (Paris, Gallimard, 1964, p. 33). En este punto hay que observar que incluso en el surrealismo mismo, y tempranamente, se alzaron voces críticas contra la pasividad y la actitud de espera como disposición más adecuada o recomendable para aprehender la realidad. Ya en 1927 advertía P. NAVILLE que « ce n'est pas *en attendant* que Rimbaud fréquenta de la cruelle manière que l'on sait la côte des Somalis, ce n'est pas en attendant que Lautréaumont a si magnifiquement démantelé la logique, et ce n'est pas non plus en attendant que

objetiva, de represión, etc. y, por tanto, libertad aparente — participa el antipoeta en la medida que en una campana de vidrio que se llama Arte / que se llama Lujuria, que se llama Ciencia », es decir, en la medida que, en el interior de esta alienación, practica la *écriture automatique* y busca el aceso a sueños que incluso, como Robert Desnos, puede promover a voluntad. Pero este espíritu en vacaciones no corresponde — como lo muestra no sólo el contenido de los antipoemas — a la situación existencial del protagonista.

La censura del antipoeta (a este espíritu de juego que se enmascara de búsqueda trascendental a posteriori, a esta libertad subjetiva que es emblema de legítimo deseos) no es, sin embargo, absoluta. En « Los Vicios del Mundo Moderno » se relativiza, se hace ambigua por la introducción de una perspectiva sutilmente irónica (a la que no es ajena la presencia del Círculo de Viena):

El autobombo y la gula
las Pompas Fúnebres
Los amigos personales de su excelencia
La exaltación de folklore a categoría del espíritu
El abuso de los estupefacientes y de la filosofía
El reblandecimiento de los hombres favorecidos por la [fortuna
El autoerotismo y la crueldad sexual
La exaltación de lo onírico y del subconsciente en des- [medro del sentido común...

Berkeley, ou que Locke — ou que Hegel — on filtré cette incandescence tragique ou se résout leur monde; cela, nous le savons » (P. NAVILLE, « Mieux et moins bien », *La Révolution surréaliste*, 9-10 (1927), p. 55).

Por cierto, la *écriture automatique,* la transcripción de los sueños, el cadáver exquisito, etc. pueden también *aplicarse* —en el sentido de la lógica medieval— a otras experiencias, esto es, pueden corresponder a ellas como procedimientos adecuados de comunicación. Pero no son éstas siempre las experiencias contenidas y comunicadas en gran parte del surrealismo criollo y metropolitano. Por el contrario, puede constatarse —como en « La Trampa » y en « El Túnel »— un uso evasivo, alienante, retórico, de la *écriture automatique* y otros procedimientos. De la gran distancia entre las pretensiones surrealistas de conocer y cambiar radicalmente la vida y los resultados que exiben sus obras y actividades —distancia que denuncia más las dificultades de la empresa que un fracaso—, ha debido extraer Parra lecciones que le permitieron relacionarse de manera crítica y constructiva a la vez con la herencia surrealista. Lo expresa suficientemente ya un fragmento del primer antipoema: « Adevertencia al lector », fragmento que constituye una respuesta —mucho más cargada de peso histórico de lo que parece— a las consecuencias que acaso con demasiada prisa, sacaba Breton del descubrimiento e incorporación del Lautréaumont al surrealismo:

La poesía puede perfectamente no conducir a ninguna [parte[51].

[51] A. Breton, « Les Chants de Maldoror », en *Les Pas Perdus* (1925): « on sait maintenant que la poésie

Residuos linguisticos

Para los intentos de expresión y comunicación del antipoeta resulta decisivo que —desde el estallido de la Segunda Guerra Mundial— el vanguardismo haya ido perdiendo crédito en tanto « moyen irrégulier de connaissance »[52]. La distancia entre sus propósitos y sus realizaciones se había mostrado como insalvable. Todavía más, una parte considerable de su producción artística había sido recuperada ideológicamente por la sociedad establecida. Subsistía, sin embargo, su importancia como un repertorio adecuado de recursos expresivos, hallazgos de contenido y, en general, materiales de trabajo. Su ventaja más grande frente a otras herencias literarias era su *modernidad* que, no obstante, ya estaba recubierta por la pátina de un tiempo que transcurría demasiado rápidamente. Esta apariencia envejecida del vanguardismo —que no es, demás está decirlo, su única manera de sobrevivir a su tiempo y representarlo— contenía una seductora invitación a reutilizar algunos de sus elementos como signos de distinción o de elegancia estética, es decir, a reproducirlos en el interior del reconocimiento de una sociedad contra la cual el vanguardismo había surgido originalmente. El antipoeta se hace también cómplice

doit mener quelque part » (cit. de ed. Gallimard, Paris, 1969, p. 69).

[52] M. Raymond, *De Baudelaire au surréalisme* (1933), Paris, Corti, 1952, p. 11.

esporádico de este uso alienado de la herencia vanguardista, en que se concilia la nostalgia por lo que ya parece inofensivo con la máscara de modernidad. Pero esta no es la relación predominante con los materiales vanguardistas en la producción antipoética. Todo lo contrario. Ya hemos visto la autocrítica del antipoeta a propósito de su práctica de la escritura automática y del sueño dirigido. El antipoeta recurre a los materiales del vanguardismo en la medida que están a la mano y se muestran apropiados para expresar su experiencia y su situación inmediata.

El carácter fragmentario de la presencia de elementos vanguardistas en la antipoesía no se explica sólo por su ensamblaje en un discurso constituído por elementos de diversa procedencia o porque sean parte de una experiencia fragmentaria de la vida y el mundo. De hecho, en la elaboración de los antipoemas, retorna Parra a relacionarse con una herencia vanguardistas que ya no estaba intacta. Su desarrollo en Chile y en Hispanoamérica había significado una ruptura con la poética anterior, el comienzo de otro sistema expresivo y de otra visión del mundo y de la poesía, pero había forzosamente coexistido con la prolongación anacrónica del gusto poético anterior — en pleno desarrollo del vanguardismo, por ejemplo, un crítico oficial, Alone, prefería aún los poemas juveniles de Neruda por lo que estos retenían del modernismo —. También había sido el vanguardismo, en esos años, recubierto y desprestigiado por obra y (des)gracia de las adaptaciones nacionales del realismo socialista en poesía que, de hecho, parecían asumir más comprometidamente las urgencias políticas del momento. Esencial para su reaparición fragmentaria era también que gran parte de estos elementos tenían en el vanguardismo mismo el carácter de fragmentos. Algunos eran restos de sistemas expresivos anteriores —del romanticismo, de la belle époque, etc., que al ser traslados o *desplazados* al discurso vanguardista adquirían nuevas cargas de significado. Otros elementos —más importantes para la futura elaboración de los antipoemas— habían sido recogido desde el discurso cotidiano y encajados en un estilo que no quería ser más artísticamente « elevado », como lo suponían el simbolismo en Europa y el modernismo en el Nuevo Mundo [53].

[53] Ya en el *Manifeste du Symbolisme* (1896) de J. MORÉAS queda claro que el uso simbolista de la lengua difiere radicalmente del uso corriente y tambien del uso que el *Parnasse* había hecho de la lengua. Modelo para los simbolistas fueron, como se sabe, la obra y las ideas sobre poesía de Mallarmé. Sobre la poesía y el lenguaje vid. de MALLARMÉ: « Diptyque » (1865-1893), « Notes » (1869) y el prefacio al *Traité du verbe* (1886) de R. GHIL, en *Oeuvres complètes*, Paris, Gallimard, 1945, p. 849-858. Dos interpretaciones sobre las ideas de Mallarmé acerca del lenguaje: GUY DELFEL, *L'Univers esthétique de S.M.*, Paris, Flammarion, 1951, cap. V y VI; J.P. RICHARD, *L'Univers imaginaire de S.M.*, Paris, Du Seuil, 1961, p. 525-591. Vid. tb. las indicaciones de M. RAYMOND, *op. cit.*, p. 29-36. Respecto al modernismo hispanoamericano no debe olvidarse que la crítica tradicional lo consideró primeramente como un

Es verdad que Laforgue y Tristán Corbière — y más tarde, con otras intenciones, López Velarde, Luis C. López, etc. — habían comenzado a introducir giros verbales, ritmos y estructuras sintácticas

movimiento de renovación formal, que había introducido « la forma y la substancia del parnasianismo francés y de la escuelas líricas decadentes y simbolistas » (A. COESTER, *Historia de la Literatura de la América Española,* Madrid, 1929, p. 510). Las propias palabras de Darío no son ajenas a esta comprensión parcial del modernismo: ya en sus *Rimas* (1887) el primer poema está destinado a exponer una poética « bizantina », de palabras escogidas. En 1896, en el prólogo a *Prosas profanas y otros poemas*, subrraya que « la gritería de cientas ocas no te impedirá, silvano, tocar tu encantadora flauta, con tal de que tu amigo el ruiseñor, esté contento de tu melodía » (R. DARÍO, *Obra poética,* Ed. de E. Mejía Sánchez, Caracas, Ayacucho, 1977, p. 181). El prefacio de *Cantos de vida y esperanza* (1905) repite que su « respeto por la aristocracia del pensamiento, por la nobleza del arte, siempre es el mismo. Mi antiguo aborrecimiento a la mediocridad, a la mulatez intelectual, a la chatura estética, apenas si se aminora hoy con una razonable indiferencia... he buscado expresamente lo más noble y altamente en mi comprensión ». Pero antes ha dicho: « Yo no soy un poeta para muchedumbres. Pero sé que indefectiblemente tengo que ir a ellas » (R. DARÍO, *op. cit.*, p. 243-244). Sobre la concepción del poeta y la poesía en Darío, vid. M. RODRÍGUEZ FERNÁNDEZ, *El modernismo en Chile y en Hispanoamérica*, Santiago, Instituto de Literatura Chilena, 1967, p. 48-54. Más recientemente, « Lo cotidiano y lo poético » en A. RAMA, *Rubén Darío y el Modernismo*, Caracas, Universidad Central de Venezuela, 1970, p. 105-125. Para arte y sociedad, el ya cit. libro de R. GUTIÉRREZ GIRARDOT, *Modernismo*, Barcelona, Montesinos, 1983.

del discurso cotidiano en sus poemas [54]. Pero es Apollinaire el punto de referencia más inmediato y relevante para esta incorporación vanguardista de formas del discurso cotidiano, frases hechas, lugares

[54] Sobre el problema del coloquialismo en T. CORBIÈRE y J. LAFORGUE, y sus relaciones con la modernidad y la poesía de nuestro siglo, vid. M. HAMBURGER, *Die Dialektik der modernen Liryk* (1969), München, List, 1972, p. 69-88. Sobre la lengua de Corbière y sus innovaciones: A. SONNELFELD, *L'oeuvre poétique de T.C.*, Paris, PUF, 1960, cap. VIII. Sobre Laforgue, su lenguaje y algunos poetas hispanoamericanos, vid. A.W. PHILLIPS, « Novedad y lenguaje en tres poetas: Laforgue, Lugones y López Velarde », en *El Simbolismo*, Madrid, Taurus, 1979, p. 198-230. Ed. J.O. Jiménez. En la poesía chilena son los propios compañeros de generación de Carlos Pézoa Véliz (1879-1908) los que destacan el orígen popular del vocabulario y temas de sus poemas últimos. Vid. prólogo de E. MONTENEGRO a *Alma chilena*, Valparaíso, 1912, edición póstuma de textos del poeta. En un trabajo temprano de M. RODRÍGUEZ FERNÁNDEZ, « Algunos aportes estilísticos al estudio de la poesía de C.P.V. », *Atenea*, 382 (1958), p. 30-47, trabajo que el propio crítico iba a criticar más tarde, se logra mostrar, sin embargo, que el cambio de estilo en Pezoa Véliz está motivado en una modificación de la relación inicial del poeta con la poesía y la realidad social. Pezoa Véliz vale, en la poesía chilena, como el introductor también de temas populares del campo y la ciudad. El mexicano R. López Velarde (1888-1921) « nos conduce a las puertas de la poesía contemporánea » afirma O. PAZ en *Cuadrivio*, México, Mortiz, p. 69-130, entre otras cosas, por su prosaísmo y su ironía. Vid. tb. de O. PAZ, « El lenguaje de López Velarde » (1950) en *Las peras de olmo*, Barcelona, Seix Barral, 1983, p. 67-84. Más debatida es la significación del prosaísmo y el coloquialismo en el poeta colombiano

comunes (a menudo procedentes de la literatura anterior culta)[55].

La apotéosis de esta actitud —echar mano delirantemente de todo— llegó muy pronto: lo testimonia el dadaísmo. Tristan Tzara recomendaba (con cierto cinismo, con cierta desesperación) un modo de hacer poesía que, muchos años después, retrasmitía Huidobro a sus deslumbrados discípulos: tomar un periódico, cortar palabras y frases con una tijera, arrojarlos en un sombrero, revolver el sombrero y sacar palabras al azar que enseguida se van ordenando en líneas[56]. Pero Huidobro retuvo del

Luis C. López (1883-1950). « Con López — se lee en una *Antología crítica de la poesía colombiana*, ed. de A. Holguín, Bogotá, 1974, p. 232 — el lenguaje y el argot de la vida diaria ingresan a la poesía colombiana ». « A un bodegón » y « Muchachas de provincia » parecen confirmar esta afirmación. Pueden leerse en *Obra poética* de L.C. López, Bogotá, Carlos Valencia Eds., 1977, p. 178 y 179. Ya en el primer libro de L.C. López hay usos coloquiales. Contra la interpretación de G.A. Arévalo se alza, sin embargo, R. Gutiérrez Girardot: « La literatura colombiana 1925-1950 » *Eco*, 214 (1979), p. 309 y ss. poniendo en duda el carácter revolucionario de la ironía en L.C. López.

[55] Sobre Apollinaire y « les origines de la poésie nouvelle », vid. M. Raymond, *op. cit.*, p. 217 y ss. Para la incorporación de formas del discurso cotidiano en sus poemas, vid. S. Yurkievich, *Modernidad de Apollinaire*, Buenos Aires, Losada, 1968, p. 181-202.

[56] Vid. T. Tzara, « Manifeste sur l'amour faible et l'amour amer », *Sept manifestes dada*, Paris, 1924, Cit. de T. Tzara, *Oeuvres Complètes*, Paris, Flammarion, 1975, p. 382. Sobre esta boutade en Huidobro, vid. el testimonio de V. Teitelboim en *op. cit.*, p. 110. Hay

antiejemplo dadaísta —más motivado moralmente de lo que se reconoce— sólo su aspecto lúdico y no su espíritu radicalmente subversivo.

Para la integración de la poesía y el discurso popular en la literatura venía preparado Parra ya desde su infancia misma. En esta circunstancia juega un papel decisivo su lugar de origen y su medio familiar y social. No sólo lo ha afirmado Parra. Influídos por él, también los críticos han investigado —solidaria, simpática, insuficientemente aún— en esta dirección. Y las indicaciones no son desdeñables.

Ya en su primer libro, *Cancionero sin Nombre* (1937) había recurrido el poeta al discurso coloquial del campo y la ciudad, a imágenes rurales, al provinciano en la capital, etc. Pero su relación con estos materiales estaba todavía mediatizada, *estilizada*, adulterada por una concepción populista y pequeño burguesa de la poesía y la vida[57]. Aún no podía

que advertir, eso sí, que muchas posiciones en poética de Huidobro surgieron, hacia 1924, notoriamente contra el surrealismo y la función que le otorgaba al azar en la creación poética. Vid. respecto su « Yo encuentro » (1925) en *Obras Completas*, I, p. 681-684, esp. 683. C. GOIĆ en su *La poesía de Vicente Huidobro*, Santiago, eds. Anales de la Universidad de Chile, 1956, p. 108 cita un antecedente más, anterior a Tzara, pero que ha surgido en un contexto anterior a la vanguardia: « Poet fit, non nascitur » de Lewis Carroll.

[57] Sobre *Cancionero sin nombre*, Santiago, Nascimento, 1937, vid. L. MORALES, *op. cit.*, p. 20-34 y 191-192. 17. A. DEBICKI, « Nicanor Parra » en su *Poesía Hispanoamericana Contemporánea*, Madrid, Gredos, 1976, p.

hablarse de una recuperación *moderna*, poéticamente diferencial del discurso cotidiano en la producción de Parra. Es de la actividad vanguardista —como lo atestiguan, además, los *Quebrantahuesos*— que va a recibir Parra un respaldo decisivo para la incorporación del discurso cotidiano en los antipoemas[58].

Imaginemos ahora al poeta (para comodidad de la exposición) en los momentos en que elabora los antipoemas. No tiene propiamente lugar y tiempo de trabajo, los recursos expresivos de que dispone no están ordenados previamente, no son homogéneos, provienen de tradiciones diversas y muchas veces adulteran o deforman más bien sus intenciones y experiencias. Son restos que se han acumulado un tanto casualmente, materiales de deshecho o de segunda mano. Entre ellos, destacan imágenes de la vida diaria —« unas lechugas vistas el día anterior »— y pedazos sueltos del discurso cotidiano u otras formas del discurso social: frases hechas, fórmulas burocráticas, slogans de la propaganda comercial, dichos de marinero, estructuras sintácticas del habla coloquial, titulares de periódicos, *genus dicendi* —como dice el profesor Goić— de

Tb. indicaciones en F. Schopf, « Introducción... », p. 16-163-170; M. Gottlieb, *op. cit.*, p. 15-28, discutible como interpretación.

[58] El *Quebrantahuesos* es un diario mural que realizó Parra con escritores más jóvenes —como Alejandro Jorodowski y Enrique Lihn— durante 1952. Sobre el *Quebrantahuesos*, L. Morales, *op. cit.*, p. 202 y 204-205. Ejemplares del diario están reproducidos en *Manuscritos*, Santiago, 1 (1975), p. 2-24.

la lección magistral, la conferencia, la confesión, el relato periodístico, etc. [59]. En la dislocación que sufren desde su contexto habitual al contexto literario, o, si se quiere, en su irrupción en la escritura antipoética, en su utilización expresiva por el antipoeta no pierden estos fragmentos su apariencia original — el antipoeta prefiere que la ostenten como marca de fábrica, provocadora, escandalosa, apropiada para sus intenciones de denuncia crítica —, pero despliegan, a la vez, otras dimensiones inquietantes de sí mismas y de la sociedad en que se (des)integran; esto es, revelan o adquieren una capacidad representativa que penetra más allá de las apariencias y la falsa coherencia que les ha dado su recubrimiento ideológico. Lo cotidiano parece impenetrable, pero este ensamblaje de fragmentos extraños en la escritura literaria — especialmente de trozos del discurso cotidiano — precipita su apertura e iluminación.

Por cierto, la inserción de estos fragmentos en una escritura supuestamente poética produce una serie de interferencias y perturbaciones que rompen la homogeneidad de estilo, pero — en virtud de la *écriture automatique,* la enumeración caótica, el malentendido, la metonimia, la sinécdoque, el montaje — se (des)integran en otro tipo de continuidad. Imágenes comunicadas, sensaciones, experiencias, ma-

[59] Vid. C. Goić, « La antipoesía de N. P. », *Los Libros*, Buenos Aires, 9 (1970), p. 6. Tb. F. Schopf, « Introducción... », p. 30-33 y M. Gottlieb, *op. cit.*, p. 115-126.

teriales expresivos de los antipoemas —que introducen de contrabando contenidos inesperados para el propio autor— son *membra disjecta* respecto a una « concepción del mundo » o una representación sistemática y exhaustiva de la realidad, pero acceden a re-unirse en una nueva estructura, para la cual aún no tenemos nombre.

Montaje, sujeto, metonimia

Un procedimiento constitutivo de los antipoemas es el montaje. Es un procedimiento legitimado y puesto a disposición de los artistas por el vanguardismo [60]. La forma en que aparece en los antipoemas denuncia que Parra ha frecuentado la obra de los surrealistas —« un amor de toda una vida » [61]— y también que ha asumido ciertos elementos de la películas mudas de Chaplin [61 b].

El montaje está presente en los antipoemas tanto

[60] Sobre el montaje como principio constitutivo, vid. P. BÜRGER, *op. cit.*, p. 98-116. Para el montaje en el surrealismo, vid. Th.W. ADORNO, « Rückblickend auf den Surrealismus » (1956), *Noten zur Literatur*, Frankfurt, Suhrkamp, 1970, I, p. 153-160.

[61] L. MORALES, *op. cit.*, p. 201.

[61 b] De la atenta recepción de Chaplin como figura cultural da testimonio J.C. MARIÁTEGUI en *Variedades*, Lima, 06.10.1928; ahora en *El alma matinal y otras estaciones del hombre de hoy*, Lima, Amauta, 1964, p. 55-62. Tb. antes en *Amauta*, 18 (1928), p. 66-71. Tb. en *Amauta*, 20 (1929) un entusiasta trabajo de Xavier Abril en p. 73-76.

en el nivel del discurso —por ejemplo, en el mencionado ensamble de frases hechas y residuos de la poesía anterior— cuanto en la sucesión e interacción de imágenes y referencias. Resultado —es decir, intención estéticamente realizada— es la representación y comunicación de un tiempo y espacio discontinuos y no homogéneos, en que las referencias no apuntan a ningún conjunto ni a una totalidad aprehensible en su sentido.

El principio de montaje implica la reincidencia en la aplicación del recurso. En ella anida el peligro de una repetición mecánica, que caiga en una fácil retórica de lo moderno y deje de conectarse con experiencias suficientemente intensas. Sin embargo, el montaje provoca en los antipoemas efectos imprevistos para el lector e incluso para el propio sujeto expresado en el discurso.

La repetición es también uno de los recursos con que el antipoeta puede estructurar su discurso. Va a tener en la producción posterior de Parra —desde *Versos de Salón* de 1962— una importancia creciente. Por ahora, el contenido de las palabras, imágenes, referencias que se ensamblan posibilita aún una cierta peripecia [62]. Los antipoemas todavía poseen principio, medio y fin, sólo que no siempre forzosamente en ese orden, según advirtió Godard a

[62] Peripecia no necesariamente en el sentido aristotélico (*Poética*, 52 a) de cambio de fortuna que resulta de los hechos anteriores por necesidad o verosímilmente y que, en la tragedia, conduce de la felicidad a la desgracia.

propósito de sus películas. Retienen también cierta *tensión poética*, de desarrollo e intensidad irregular, discontinuos, como si estuviera alimentada por la fuerza de un winchair que se mueve según los impulsos irregulares del viento, en época de tiempos variables.

Pero el montaje no es sólo un procedimiento constructivo en los antipoemas. El montaje y los materiales que ensambla, imágenes, sentimientos, frases hechas, etc. son signos ya en un sentido icónico[63]. No constituyen ni hacen referencias —como en el cubismo— a un conjunto unitario (interior o exterior, previo como modelo o inexistente). La escritura automática, la enumeración caótica, el collage son manifestaciones del montaje que procuran reunir, en los antipoemas, la multiplicidad de sus referencias en una totalidad y no lo logran. Su efecto es, en ellos, comparable al del *objet trouvé*: el nuevo sentido o iluminación pasajera no surge del choque entre épocas distintas, sino de la confrontación entre un sujeto provinciano y el medio moderno en que se destruyen sus espectativas: la ciudad de los años 40, sus habitantes, sus interiores.

[63] Función icónica en un sentido semejante al que propone CH.S. PEIRCE, *Elements of logic*, en *Collected Papers*, II, Cambridge, Mass., Harvard University Press, 1932, II, cap. 2 y 3. El ícono exhibe los mismos rasgos que el objeto que denota; reproduce, si así puede hablarse, rasgos del objeto que denota. El ritmo en algunos antipoemas tendría, por ejemplo, una función icónica. La concepción tradicional de la onomatopeya la comprende, parcialmente, como ícono.

En obras siguientes de Parra —desde los *Versos de Salón*— serán caballeros de los años veinte, *o enmascarados como tales,* los que se enfrentan a situaciones más recientes. Más adelante todavía, en los *Artefactos* y las *Tarjetas Postales,* es decir, desde 1967 aproximadamente, los sujetos y pacientes de la acción serán personajes de principios de siglo o, con más exactitud, de los años próximos al Centenario de la República de Chile. En estas últimas etapas —más cautelosas y controladas— se hace todavía más notorio que Parra ha ido, en sus excursiones por los laberintos y meandros del surrealismo, bastante más allá de La Mandrágora criolla y los límites que la ortodoxia asigna al movimiento[64].

Otro punto de apoyo importante para el empleo del montaje en los antipoemas fueron las películas cortas de Chaplin. Esta deuda (esta admiración) ha sido reconocida también por Parra y se extiende, por cierto, a otros aspectos del arte chaplinesco[65]. El espectador es atraído rápidamente por el desarrollo

[64] Los *collages* de Parra tienen, en su contexto criollo, un efecto comparable al de ciertos *collages* de M. Ernst en su contexto europeo. Así, por ej., los *collages de La Femme de 100 Têtes* (1929) o *Une Semaine de Bonté* (1934) en que la recomposición de imágenes de la belle époque, provenientes de ilustraciones de libros de viaje, de libros de ciencias naturales, etc., mina la seriedad y las jeraquizaciones de la época, a la vez que hace visibles los dudosos fundamentos de esa sociedad, la inhumana acumulación de deseos reprimidos en que descansa su orden falso y mezquino.

[65] Vid. L .Morales, *op. cit.*, p. 199.

a saltos de la acción, por el movimiento abrupto, desincronizado de los personajes. La aceleración de los movimientos — superior a la normal — conduce a cierto paroxismo. Esta deficiencia técnica resulta más eficaz que otros recursos expresivos — como la exageración mímica que quería suplir la falta de sonido — para transmitirnos la experiencia de la vida que anima estas películas. El espectador es arrebatado por la aceleraciones y súbitas detenciones del ritmo de la intriga y los movimientos de los personajes. Nada menos realista como resultado que esta directa « imitación de la realidad »; nada menos dramático, en sentido tradicional, que esta representación (in)voluntariamente cómica del drama de la existencia moderna.

El montaje de las escenas y el movimiento casi paródico de los protagonistas — a pesar de que se trata de filmaciones « en vivo y en directo » — implica la ausencia de momentos de la realidad representada: saltos, huecos negros, espacio en penumbras más allá de la iluminación focal que el espectador normalmente no percibe, pero que, dadas ciertas condiciones, en verdad poco frecuentes, pueden llegar a perturbarlo gravemente.

A una perturbación análoga accede el sujeto antipoético en su reconocimiento de las situaciones en que se encuentra: iluminaciones súbitas, sobre las que se extiende en seguida la duda, apariciones fugaces de la verdad, una verdad local, pasajera, que no proyecta su luz sobre la totalidad de casos que debería alcanzar, intersticios, márgenes de la luz que dejan ver « el abismo que nos separa de los otros abismos »[66].

No debe perderse de vista, sin embargo, que el montaje no es sólo un procedimiento que Parra ha aprendido en el vanguardismo: más íntimamente corresponde al modo como se le da la experiencia al sujeto antipoético: como la aprehensión de una realidad discontinua, no homogénea y en que ni siquiera puede esperarse la tradicional relación en que las apariencia pueden penetrarse o desencubrise en busca de su esencia o fundamento[67]. En este sentido, el montaje es un procedimiento para la reproducción icónica de las experiencias — o al menos parte de las experiencias y vivencias — que subyacen a la antipoesía. Por medio del montaje no se llega nunca, en los antipoemas, a encontrar un *orden de las cosas*, me refiero a un orden objetivo que, una vez superado el desorden del sujeto, pueda ser aprehendido de manera clara y distinta. Por el contrario, la búsqueda intermitentemente renovada del sujeto nunca accede a un fundamento, pero peralta — al través del reiterado fracaso de su esfuerzo — la dimensión y momento subjetivo en la constitución de la realidad.

Inmerso en « las aguas mesmas de la vida », arrastrado por ellas en su turbulencia, el sujeto de los antipoemas — en la medida que resiste someterse a la racionalidad aparentemente incontestable

[66] N. PARRA, « Recuerdos de Juventud », *Poemas y Antipoemas,* p. 85-86.

[67] Incluso de su niñez recuerda Parra « los muros

de la sociedad represiva y a las bases morales aparentemente sólidas de su autoritarismo — no sólo va confrontándose con la realidad social exterior a sí mismo, sino que también llega a descubrir la inconsistencia de gran parte de sus presupuestos, certidumbres, ilusiones, valores morales, utopías, que constituyen su propia interioridad: ella se revela, concreta y puntualmente, como ideología, conciencia falsa, contenidos y formas sociales internalizados, asumidos como herencia cultural o ganancia propia en el proceso de aprendizaje. La serie delirante, dolorosa, eufórica de sus experiencias le revela en carne propia la irracionalidad e inhumanidad profunda que subyace a las formas de vida y « visión del mundo » autorizadas por la sociedad represiva.

Pero en este proceso de desilusión, desengaño, autodestrucción, etc., la subjetividad no puede negarse a sí misma como parte sustantiva y constitutiva de la realidad. El fracaso radical del antipoeta muestra negativamente — a la reflexión crítica que se basa en la experiencia estética novedosa de los antipoemas — que no hay meramente una realidad objetiva dada de antemano, frente a la cual el sujeto ha de comportarse pasivamente como espejo de la ciencia o del arte. Por el contrario, el sujeto, cada sujeto, (re)construye el fundamento, (co)labora en

que estaban empapelados con papeles de diario. Yo empecé a aprender a leer en esos papeles de diario. Eran especies de quebrantahuesos porque un diario estaba pegado encima de otro y se juntaba una frase con otra », en L. Morales, *op. cit.*, p. 151.

su erección, en su establecimiento (y como dijo Floridor Pérez: también en el estable-cimiento del desorden)[68]. El fundamento no es sólo previo, es también porvenir. Aquí, en el desamparo, en la soledad, en la necesidad desesperada de encontrar ese fundamento y comunicarlo, en su llamado de auxilio al prójimo que se escabulle, no participa, debe verse, creo, una de las dimensiones en que los antipoemas surgen y apuntan a la realidad histórico social más concreta.

Por ello, el montaje —en cuanto ensamble de escenas, sentimientos, etc., que corresponden a diversos espacios y tiempos— no sólo representa discontinuamente la realidad: también, lo que es decisivo, expresa una desesperada necesidad de abarcar la totalidad empírica, o parte de ella, en su sentido. La visión del mundo heredada, las tablas de la ley, los valores consagrados, las explicaciones oficialmente legitimadas no resisten la confrontación con los hechos en la antipoesía. Pero tampoco alcanzan a ser sustituídos. La antipoesía es puramente negativa. El esfuerzo cognoscitivo y expresivo del sujeto de los antipoemas se hace esencialmente metonímico. Este es el modo de referencia a la realidad a que lo fuerza la situación: una parte de la realidad se refiere a otra parte o al todo (irrepresentable como tal). Tanto el montaje como la metonimia son modos expresivos a que el antipoeta echa mano en el interior de una tensión entre su experiencia vivida

[68] Floridor Pérez, *Hojas de Poesía*, Valdivia, 1966. Reproducido en *Lar, Madrid*, 1 (1983), p. 24.

y una concepción del mundo que « se está cayendo a pedazos »[69].

Desde el punto de vista de la historia literaria, este uso del montaje y la metonimia inscribiría a la antipoesía en la literatura de la modernidad — desde Baudelaire a nuestros días — o, como también se dice en América Latina, en la tradición de la ruptura[70].

Así, Jakobson — en su conocido estudio sobre la polaridad metonímica y metafórica en el lenguaje — recuerda que la pintura cubista « muestra una tendencia claramente metonímica... en que el objeto se deshace en un ensamble de sinécdoques »[71].

La posición cubista descansaba en el supuesto de que la totalidad, la esencia formal de la realidad perceptible era susceptible de representación. A la descomposición analítica de un objeto en sus elementos constitutivos, sucede la recomposición o composición de un objeto a partir « de una modificación de las relaciones pictóricas preexistentes », según describe el proceso uno de sus representantes

[69] N. PARRA, « Advertencia al lector », *Poemas y Antipoemas*, p. 75-77.

[70] Vid. W. BENJAMIN, *Ch. Baudelaire. Ein Lyriker im Zeitalter des Hochkapitalismus*, en *Gesammelte Schriften*, Frankfurt, Suhrkamp, 1980, Bd. 1-2, p. 509-690. Sobre la preparación y desarrollo de los trabajos de B. sobre Baud. vid. *Gesammelte Schriften*, I, 3, p. 1064 y ss.

[71] R. JAKOBSON, « Two aspects of language and two types of aphasic disturbances » (1954), *Selected Writtings*, The Hague, Mouton, 1971, p. 256.

más destacados: Juan Gris, quien agregaba, en el mismo escrito: « hasta la terminación de la obra, ignoro cuál es la modificación que le da su aspecto [de objeto] »[72]. Un propósito análogo alentó a Vicente Huidobro en su producción creacionista, pero —como he intentado mostrar en otra parte[73]— su mundo pretendidamente autónomo, paralelo al mundo real, está también sutilmente contaminado por el tiempo y aún acarrea involuntariamente imágenes de su tierra natal (con el correspondiente sentimiento de nostalgia).

Demás está decir que la metonimia antipoética no es expresión de un procedimiento deductivo, que opera desde un conocimiento o un control de la totalidad, sea esta formal, histórica, material, etc. Tampoco descansa en el propósito de reducir esa realidad a una supuesta forma o aspecto estéticamente representable o referible. La herencia que Parra recoge y reactiva —en relación al empleo del montaje y la metonimia en los antipoemas— es más bien la de aquellos movimientos de vanguardia que, como el dadaísmo, denunciaron el orden burgués y la falsedad de sus fundamentos, a la vez que dieron comienzo a la desublimación del arte. Tal como en los poetas del surrealismo —pero sin el dudoso trascendentalismo de algunos de ellos—, hay en Parra un esfuerzo análogo de conocimiento y

[72] J. Gris, « Notas sobre mi pintura » (1923), en *De las posibilidades de la pintura y otros escritos*, Barcelona, Gili, 1971, p. 22-23.

[73] Una indicación en mi « Die literarische Avantgarde », *Iberoamerikana*, 15 (1982), p. 7.

un anhelo de reunir teoría y practica, conocimiento y vida.

Otro modelo del uso antipoético del montaje y la metonimia se encuentra en la poesía de T.S. Eliot, que comprendía sus poemas como manifestación epocal de un mundo en ruinas y que, como seguiremos viendo, ha tenido otras repercusiones en la obra de Parra (por ejemplo, en la ironía o en el coloquialismo de los antipoemas)[74].

El constructor de los antipoemas trabaja, entre otros materiales, con restos que funcionan como metonimias: « antes de entrar en materia, antes, pero mucho antes de entrar en espíritu », « necesito un poco de luz, el jardín se cubre de moscas », « yo pensaba en un trozo de cebolla visto durante la cena » (en tanto busca desesperado contacto con sus semejantes, que leen periódicos o « desaparecen detrás de un taxi »). Por cierto, estas metonimias no alcanzan a referirse a conjuntos homogéneos ni a totalidades provistas de un sentido ontológica y moralmente convincente. Expresan, por el contrario, el fragmentarismo de las experiencias del sujeto antipoético y su radical sensación de desamparo respecto al medio social. Pero son también — y esta

[74] Como se sabe, una de las fuentes de esta ironía en Eliot es Laforgue. Sobre este tema, H. Peyre recomienda a WARREN RAMSEY, *Jules Laforgue and the ironic Inheritance*, New York, Oxford Press, 1953. Uno de los primeros estudios sobre la influencia del simbolismo en poetas como Eliot es el de R. TAUPIN, *L'influence du symbolisme français sur la poésie américaine*, Paris, 1929.

es su función más importante— modo de *contacto*, por contigüidad, con contenidos reprimidos y latentes de la psique individual y colectiva que, gracias al toque o sajadura de las metonimias, irrumpen en la comunicación y desbordan las capacidades expresivas de texto:

> « Para qué son estos estómagos?
> ¿Quién hizo esta mescolanza? » [75].

Contra la sublimación

La denuncia y destrucción de la concepción sublime del arte comenzó programáticamente con las primeras manifestaciones del vanguardismo. Ya la actitud constructiva de los pintores y escritores cubistas se aparta radicalmente de la concepción sacral del arte que predominaba en el simbolismo [76].

[75] N. Parra, « Rompecabezas », *Poemas y Antipoemas*, p. 77-78.

[76] Pese a su modestia, Mallarmé rodeado por sus discípulos recordaba —según escribe George Moore en sus *Memoirs of my dead Life*, Londres, 1923— a Cristo y sus apóstoles. Claire Goll, por su parte, en sus memorias —*Ich verzeihe keinem*, versión alemana de *La poursuite du vent* (1976), München, Scherz, 1978, p. 82— recuerda que Rilke escribía solemnemente de pie frente a un púlpito. El extremo de esta concepción sacral en Alemania fué, sin duda, St. George. Sobre la concepción sacral de la poesía en el simbolismo, vid. A. Balakian, *The symbolist movement*, New York, Randon House, 1967, cap. V y VI. Sobre « secularización, vida urbana, sustitutos de la religión » en el Modernismo

Poetas como Apollinaire emplean tempranamente trozos de conversación en sus poemas; por ejemplo, en « Zone » o « Lundi rue Christine » del 1913 (para no hablar de sus « Fenêtres », que, de acuerdo a las declaraciones de André Billy, compuso en una mesa de café cogiendo frases al azar [77]. O su « Poème lu au mariage d'André Salmon » que habría escrito el 13 de julio de 1909 mientras viajaba en un bus) [78]. Por cierto, Apollinaire había adherido circunstancial-

hispanoamericano, vid. R. Gutiérrez Girardot, *Modernismo*, Barcelona, Montesinos, 1983, p. 73-157. Ejemplos caricaturescos de esta concepción elevada, en su caso pseudosacra, del arte, muestran los maestros pompiers: « Bonnat, Bouguereau, Gervex, pénétrés de leur dignité, peignaient en redingote », J.P. Crespelle, *op. cit.*, p. 15. Delville —que representaba a los soldados soñando con la muerte gloriosa— pintaba vestido de militar. Sobre Franz von Stuck observa un crítico: « noch bei der Arbeit ist er ein Fabelwesen: Nicht im beklecksten Malerkittel, im Ornat des Gesellschatsmaler steht er vor der Staffelei. So porträtiert er sich auch selber, späteren Kritikern es damit leicht machend, ihn als den 'Maler im Gehrock' abzutun », A. Seiler, *Franz von Stuck. Ein Lebensmärchen*, München, Bruckmann, 1969, p. 30. Comparemos estos atuendos, pretensiones y resultados con las blusa de trabajo que Picasso, Braque, Leger, etc, llevaban no sólo en el taller (y antes, los impresionistas, contemporáneos de los peintres pompiers).

[77] Vid. la controvertida historia del surgimiento de este poema en Philippe Renaud, *Lecture d'Apollinaire*, Lausanne, L'Âge de l'homme, 1969, p. 296-301. Tb. M. Decaudin, *Calligrammes*, Paris, Le club du meilleur livre, 1955, p. 192.

[78] R. Gómez de la Serna, *Ismos* (1931), Madrid, Guadarrama, 1975, p. 31.

mente al recién nacido futurismo [79]. Este movimiento —que en su orígen tenía un público mayoritariamente obrero, según Gramsci, pese a los resabios pasatistas y operáticos de Marinetti— había proclamado, lo que es tan sabido, que « un automobile da corsa col suo cofano adorno di grossi tubi... un automobile ruggente, che sembra correre sulla mitraglia, è più bello della *Vittoria di Samotracia* » [80]. Las más diversas incitaciones a la destrucción de la cultura heredada estaban a la orden del día. Venecia era considerada un símbolo del decadentismo y concentraba todas las iras de los futuristas. Acusaban a sus habitantes de « siete divenuti camerieri d'albergo, ciceroni, pittori plagiari e copisti... », en suma, « custodi del più grande bordello della storia... ca-

[79] Vid. *L'antitradition futuriste* (1913), Milano, 1913. Otras crónicas suyas sobre futurismo en G. APOLLINAIRE, *Chroniques d'art* (1902-1918), Paris, Gallimard, 1960, s.v. Sobre las relaciones entre Apollinaire y el futurismo, H. METER, *Apollinaire und der Futurismus*, Schäuble, 1977.

[80] F.T. MARINETTI, *Manifesto del Futurismo* (1909), ahora en *Marinetti e il futurismo*, ed. De Maria, Milano, Mondadori, 1981, p. 6, A. GRAMSCI, « Una carta del camarada Gramsci sobre el futurismo italiano », apéndice al artículo de L. TROTSKI, « El futurismo » (1922) en *Literatura y Revolución.* Paris, Ruedo Ibérico 1969, p. 106-108. Antes, en 1913, 1918 y 1921, con pseudónimo o sin firma había publicado Gramsci otros artículos sobre el futurismo, en que lo observada con cierta simpatía. Vid. ahora *Per la veritá*, Roma, Editori Riuniti, 1974, p. 6-9; *Sul fascismo*, Roma, Ed. Riuniti, 1973, p. 47-49. Por último, « Marinetti rivoluzionario? » (1921), ahora en G. LISTA, *Futurisme*, Lausanne, L'Age de l'homme, 1973, p. 428-429.

lamita dello snobismo e dell'imbecillità universali, letto sfondato da carovane di amanti... cloaca massima del passatismo »[81]. En el *Manifesto Tecnico* de 1912 aplicaban su ruptura con el pasado a la lengua y los recursos expresivos: exigían la destrucción de la sintaxis, la disposición de los substantivos al azar, el empleo en infinitivo de los verbos, la abolición del adjetivo (« el adjetivo cuando no da vida, mata » repetía Huidobro en 1916), la abolición de los adverbios, de la puntuación, el rechazo de la jerarquización entre imágenes nobles y vulgares, excentricas y naturales, morales e inmorales, la incorporación del ruido, una manifestación del dinamismo industrial, el peso, el olor, la imaginación sin hilos, etc.[82].

El virulento repudio de la experiencia heredada de lo sublime —esto es, del sentimiento y la objetividad de que provenía— iba acompañado, en el futurismo, creo, del propósito de crear las condiciones para el surgimiento de un nuevo sentimiento de sublimidad[83]. Su exaltación de las máquinas y la técnica, su admiración por la gran industria y el deporte, su desprecio por los valores del cristianismo, su propaganda de la guerra —considerada como un mecanismo higiénico en la historia— tenían como meta imperativa la creación de una sensibilidad nueva

[81] Marinetti, *op. cit.*, p. 27, 28, 29.

[82] *Manifesto tecnico della letteratura futurista* (1912), *op. cit.*, p. 77-90.

[83] E. Sanguinetti, « Sociología de la vanguardia » en *Literatura y Sociedad* (1965), Barcelona, Martínez Roca, 1969, p. 17-21.

y un sentimiento de lo sublime que debía corresponder al mundo moderno y ser parte constitutiva de las nuevas relaciones sociales.

Estos residuos de heroismo y esta función profética asignada a la poesía — cuya peligrosidad se manifestaría más tarde en la « estetización » fascista de la política —:

> morto è il Passato, e con le baionette
> stiamo uccidendo il Presente
> per mettere in trono il Futuro [84],

fueron blancos preferidos y progresivamente necesarios para un grupo de poetas y artistas refugiados en Zürich durante la Primera Guerra Mundial. Me refiero, claro está, a los dadaístas, muchos de los cuales van a radicalizarse políticamente a medida que se les vayan revelando los verdaderos móviles de la guerra: no la defensa de la patria, la cultura nacional, la familia, el superhombre, el cristianismo, occidente, dios, etc., sino la lucha interimperialista por la hegemonía política y económica, la repartición neocolonial del resto del mundo.

En el *Manifeste dada 1918* se anuncia, entre otras cosas, lo que aquí nos interesa destacar, a saber, « DADA; abolition des prophètes » [85]. Pocos años más adelante, aclara Tristan Tzara que « les débuts en Dada n'étaient pas les debuts d'un art, mais ceux

[84] NINO OXILIA, cit. en S. PUTNAM (ed.), *The european caravan*, New York, Brewer, Warren & Putman, 1931, p. 1.

[85] Cit. de T. TZARA, *Oeuvres Complètes*, I, p. 367.

d'un dégoût... dégoût de la prétention de ces artistes représentantes de dieu sur terre... dégoût de toutes les catégories catalogués, de faux prophètes derrière lesquels il faut chercher des interêts d'argent... tout cela au moyen d'artifices aveuglants et d'insinuantes promesses de charlatans »[85 b]. El poeta, mejor dicho: el que escribe es igual a todos:

Regardez-moi bien!
Je suis idiot, je suis un farceur, je suis un fumiste.
Regardez-moi bien!
Je suis laid, mon visage n'a pas de' expression, je suis [petit.
Je suis comme vous tous![86].

Más radicalizado aún, desde el punto de vista político, llegó a ser el dadaísmo alemán. Como recuerda Huelsenbeck « todos adivinaban que el gran negocio iniciado por Hindenburg und Co. iba a resultar muy mal »[87]. En medio de los grandes luchas sociales que sucedieron a la caída del Imperio de Guillermo, los dadaístas ven « instintivamente que su misión es aplastar la ideología cultural

[85 b] *Conférence sur dada* (1922) en *Merz*, 7 (1924) cit. de *Oeuvres Complètes*, I, p. 423.

[86] En *Sept manifestes dada*, Paris, Ed. du Diorama, 1924. Cit. de Oeuvres Complètes, I, p. 373. Comp. con N. PARRA, « Sinfonía de cuna », « Autoretrato » y « Epitafio », todos en *Poemas y Antipoemas*, p. 53, 69 y 73.

[87] R. HUELSENBECK, *En avant dada. Die Geschichte des Dadaismus*, Hannover, Leipzig, Steegemann, 1920, p. 26: « ... sie ahnten, dass die grosse Sache, die von Hindenburg & Co geführt wurde, sehr schief gehen würde ».

de los alemanes »[88]. El arte no debe tener el efecto del Veronal y otros sedantes de la época: hay que impedir a toda costa que el arte —cultura, interioridad, espíritu— siga funcionado como « válvula de seguridad moral », como compensación. Muchos dadaístas ingresan a la lucha política y procuran destruir el orden burgués y todo intento de continuarlo.

Por supuesto, el artista ya no merece siquiera ese nombre: su persona, su actividad, sus productos están completamente desublimados. Por supuesto también hay deserciones: « Dónde dejaron su ironía estos señores tan interesados en aparecer en la historia de la literatura? »[89].

La desublimación o desacralización de la realidad y la poesía es también uno de los rasgos esenciales de los antipoemas. Ella surge como expresión de una necesidad moral y cognoscitiva, pero no aspira a continuarse en acción política o a promoverla (al menos intencionalmente). En este sentido, Parra recoge más bien la herencia —el ejemplo, los resutados, la motivaciones— del dadaísmo que se propagó desde Zürich a París y que, en otros aspectos, había sido integrado parcialmente, en la decada del veinte, por Vicente Huidobro a su práctica poética (conservando también, por degracia, cier-

[88] R. Huelsenbeck, *op. cit.*, p. 34: « Er sieht instinktmässige seiner Beruf darin, den Deutscher ihre Kulturideologie zusammenzuschlagen ».

[89] R. Huelsenbeck, *op. cit.*, p. 12: « Wo haben diese Herren, die Wert darauf legen, in einer Literaturgeschichte gennant zu werden, ihre Ironie gelassen? ».

tas pretensiones de sublimidad que obstaculizan una apreciación sólo moderna de su *Altazor*).

La empresa de desublimación está, en la antipoesía, por lo menos doblemente fundada: por una parte, en la confrontación de Parra con las tendencias artísticas anteriores; por otra, en su propia experiencia de producción literaria[90].

En la medida que prolonga la actitud crítica del vanguardismo en su « período heroico », el antipoeta se opone — en su práctica y en las ideas que se desprenden de esa práctica — a la concepción sublimada del arte y su experiencia que tenía el Modernismo en cuanto evasión e idealización de la realidad. En la medida que se mantiene fiel a este espíritu crítico debe oponerse también a algunas recaídas en la afirmación de la trascendencia tradicional en el seno mismo del vanguardismo: por ejemplo, en ciertas manifestaciones del surrealismo oficial. Tanto en este caso como es el de cierto tipo de poesía comprometida de esos años — en que la garantía de conocimiento y más aún de conocimiento de la totalidad está dada por un poeta previamente pertrechado de la verdad —, el rechazo del antipoeta se basa en los resultados que estas tendencias ofrecen en materia de conocimiento de la realidad: alienación pseudoreligiosa, esteticismo, decadentismo, en-

[90] Un primer tratamiento extenso del problema de la desacralización en N. Parra en M. Rodríguez Fernández, « N.P. destructor de mitos », en H. Montes y M. Rodríguez Fernandez, *N.P. y la poesía de lo cotidiano* (1970), Santiago, del Pacífico, 1974, p. 70-100.

cubrimiento ideológico, utopía ingenua en lugar de de utopía concreta.

Por otra parte, lo que es decisivo, la propia experiencia del antipoeta, es decir, su esfuerzo cognoscitivo al través de la poesía y otros medios, le conducen a la evidencia de los límites de la poesía como « moyen irrégulier de connaissance metaphysique » (para repetir la conocida cita de Marcel Raymond)[91]. Es su propio y doloroso y delirante fracaso en este intento cognoscitivo el que lo lleva —lo fuerza, sería mejor decir— a la reubicación del poeta como alguien igual a todos, « un hombre del montón », « un fierabrás que paga sus impuestos » y a concebir la poesía como una actividad que « perfectamente puede no conducir a ninguna parte » (en oposición a lo que afirmaba Breton). Por la magnitud de su esfuerzo —*y su resistencia permanente a claudicar*— puede el antipoeta también exclamar:

« ... yo exalto mi punto de vista,
me vanaglorio de mis limitaciones.
Pongo por las nubes mis creaciones »[92].

Pese a que « según los doctores de la ley este libro no debiera publicarse », pueden los antipoemas ser comprendidos como el primer piso o el subterráneo, o las bases, de una construcción que, sustentada en la poesía de la modernidad, entre otras

[91] M. Raymond, *op. cit.*, p. 11.
[92] N. Parra, « Advertencia al lector », *Poemas y Antipoemas*, p. 75-77.

cosas —o aún siendo parte de ella— aspira a superarla o al meno sustituirla.

Ironía, parodia

A estas alturas, es fácil comprender que la ironía no es en los antipoemas sólo un instrumento de desublimación —que el hablante antipoético maneja con soberanía— sino más radicalmente una actitud de defensa ante una realidad agresiva, mejor dicho, un modo de defensa, comunicación y, desde luego, conocimiento.

De hecho, la crítica destacó muy tempranamente la importancia de la ironía —la perspectiva, la actitud irónica, la ironización del mundo— en los antipoemas. Yo mismo señalé en 1963 el carácter autodefensivo de esta ironía y también que la relación del hablante antipoético « con el mundo está dominada por una ironía extrema »[93]. Ibañez Langlois agregó, entre otras observaciones interesantes, que la ironía antipoética no surge de la « mala conciencia », que él, por cierto, comprende en términos de un catolicismo conservador y oficialista (y no en sentido hegeliano)[94]. Pero la ironía antipoética no es —salvo error o excepción— un disimulo casuístico del pecado. El antipoeta no está poseído por un sentimiento o conciencia católica de culpa que nece-

[93] F. SCHOPF, « Estructura del Antipoema », *Atenea*, 399 (1963), p. 146 y 152.
[94] J.M. IBAÑEZ LANGLOIS, *op. cit.*, p. 17.

site disimularse en un mundo —o lo que queda de este mundo— ya desprovisto de trascendencia.

Por esos mismos años, una estudiosa norteamericana, Edith Grosman, destacaba la función de la distancia irónica en la relación entre el lector y el protagonista de los antipoemas[95]. Para ella, las reacciones del protagonista y el modo como se presentan, crean una sensación de aparente superioridad en el lector, que cree tener un conocimiento más completo de las situaciones en que cae el protagonista. Ello le permite contemplar las peripecias de la *persona* antipoética desde un punto de vista irónico (que eventualmente coincide con la perspectiva irónica del hablante). Pero las incongruencias y disonancias entre las denotaciones y las connotaciones del texto antipoético —entre tono y contenido, vocabulario y objeto, etc.— conducen al lector, en una segunda instancia, a la incómoda constatación de su igualdad de condiciones respecto a la *persona* que protagoniza los antipoemas. El profesor Debicki ve una de las raíces de estas incongruencias ya en los primeros poemas de Parra, contenidos en *Cancionero sin Nombre* (1937)[96]. La observación es aguda —se comprueba rupturas de estilo en esos poemas—, pero quizás haya que hablar aquí más bien de una actitud lúdica o humorística del hablante (de la práctica de una especie de humor blanco, que servirá de caldo

[95] Edith Grossman, « The technique of antipoetry », *Review 72* (1971-1972), p. 72-83. De la misma autora, *The antipoetry of N.P.*, New York, New York University Press, 1975.

[96] A.P. Debicki, *op. cit.*, esp. p. 163-170.

de cultivo para el *humor negro* de la antipoesía) antes que de la actitud irónica en sentido moderno.

En los poemas de la primera parte de *Poemas y Antipoemas,* por el contrario, escritos entre 1937 y 1943, sí hay ya rupturas de estilo que retrotraen a un actitud notoriamente irónica del hablante, pero aún respecto a los contenidos de su nostalgia, es decir, su pasado y el anacronismo de la provincia[97]. El uso de estos contrastes y rupturas de espectativas en el lector fué decisivamente estimulado en Parra, poco más tarde, por el impacto que tuvo en él su lectura de algunos poetas ingleses y norteamericanos de la primera mitad del siglo, singularmente T.S. Eliot[98].

El famoso « The Love Song of J. Alfred Prufrock » (1914) comienza con dos versos de estilo victoriano acerca del cepúsculo otoñal, cuyo pathos se rompe de inmediato con la introducción disonante de la comparación de la tarde con un paciente anestesiado que yace en la mesa de operaciones de un hospital. El modo en que se establece la ruptura — en que se retiene parte del contenido de la imágen postromántica, pero se relativiza aproximándola a elementos heterogéneos — supone una actitud básicamente irónica del hablante poético en su rela-

[97] Este problema ha sido detenidamente examinado por mí en trabajos citados en n. 9.

[98] Vid. sus propias declaraciones en L. MORALES, *op. cit.,* 198. Tempranamente, JORGE ELLIOT, « Lo original en la poesía de N.P. », *Pro Arte,* Santiago, 15 (1948) llamó la atención sobre la influencia de Eliot y Auden.

ción con la realidades representadas en el poema. También la cultura burguesa de salón, de comienzos de siglo, está presentada irónicamente al través de la irrupción de una imagen que se repite en dos momentos del poema:

In the room the women come and go
talking of Michelangelo.

Los versos finales del poema contienen una reflexión algo impúdica —desesperada y resignada al mismo tiempo— en que el indeciso protagonista, un « hombre del montón », se compara con el príncipe Hamlet y se niega a seguir su destino (que sabemos que en ningún caso puede compartir). Esta incongruencia —que subraya la trivialidad de la personalidad y situación de Prufrock— tiende a producir en el lector una mezcla de risa y compasión que el hablante se encarga de reubicar en todo su ridículo dramatismo. De modo análogo, el protagonista de los antipoemas —que es una *persona* en el sentido de Pound y Eliot— se autoexhibe en situaciones que parecen ridículas al lector, pero que finalmente suscitan su compasión y, lo que es más importante, su autocompasión [99].

Según algunos críticos, *Prufrock and Other Observations* (1917), *The Waste Land* (1922) y casi toda la poesía posterior de Eliot han prolongado, en el poema largo, ciertos principios del *imaginismo* inglés que surge poco antes de la Primera Guerra

[99] Sobre persona en este sentido en Pound y Eliot, vid. M. HAMBURGER, *op. cit.*, p. 163-180.

Mundial: su concepción del poeta como *artifex*, el uso de palabras y frases de la conversación cotidiana, su idea de la poesía como construcción, la imagen concreta, perceptible, el montaje, etc.[100]. Pero la relación de los antipoemas —y Parra— con el *imagism* no es directa, sino mediatizada por la obra de Eliot y Pound (a los que habría que agregar un poeta más joven, que retomó temas políticos y sociales: W.H. Auden).

Más que una representación en estilo realista de la vida cotidiana —sometida a la percepción corriente del tiempo y a cierta falta de concentración— tenemos en los antipoemas la impresión de asistir a una *parodia*[101]. Aquí tocamos un punto álgido de los antipoemas: ¿es la vida del protagonista ya una

[100] Sobre la asumpción de aspectos del *imagism* en Eliot, vid. M. HAMBURGER, *op. cit.*, p. 157 y ss. Tb. el conocido estudio de W. ISER, « Image und Montage: zur Bildkonzeption in der imagistischen Lyrik und in T.S. Eliots *Waste Land* », en *Inmanente Ästhetik, asthetische Reflexion*, Hrs. W. Iser, München, Fink, 1966, p. 361-393. Una exposición muy didáctica en M. GASSENMEIER, *Imagism*, Tübingen, 1976. Para la relación de « The Love Song of J. Alfred Prufrock » y Laforgue, vid. R. GERMER, *T.S. Eliot Anfänge als Lyriker*, Heidelberg, Carl Winter, 1966, p. 64 y ss. Una visión general sobre Eliot en L. UNGER, *T.S. Eliot*, Minneapolis, University of Minnesota Press, 1964. Del mismo, *T.S. Eliot, Moment and Pattern*, Minneapolis, University of Minnesota Press, 1966. Tb. A. WALTON LITZ (ed. y autor) *Eliot in his time*, Princeton, Princeton University Press, 1973.

[101] Sobre parodia en N. Parra vid. J.M. IBAÑEZ LANGLOIS, *op. cit.*, p. 21 y ss. Tb. F. SCHOPF, « La antipoesía de N.P. », *Camp de l'Arpa*, 37-38 (1976), p. 19.

parodia de sí misma o es la mediación, es decir, la intervención del hablante antipoético la que nos re-presenta este personaje exasperado, discontinuo, patológicamente descentrado? Uno de los antecedentes del protagonista de los antipoemas es, una vez más, Charlie Chaplin: su figura, su actuación son, para el público, parodia directa de la vida. La cámara parece reducirse a registrar sus (des)venturas. En ellas reconocen los espectadores, aunque exageradas, situaciones en que ellos mismos pueden encontrarse. Pese a no ser realista, el estilo —que suscita la risa, la compasión— ha facilitado ostensiblemente el contacto, la comunicación con los espectadores. Ya los defectos técnicos de la filmación —convertidos, con el paso del tiempo, ellos mismos en medios expresivos— nos advierten de cierta complicidad, tras las bambalinas, con este estilo que aparentemente sólo distrae, entretiene, pero que comienza a coger al espectador y lo conduce a momentos de concentración y recogimiento. No sólo porque es parodia no es un estilo realista; también —como recuerda Mariátegui— ya en esos años « el realismo nos alejaba en la literatura de la realidad » [102].
En el otro extremo de la modernidad —en el espacio y el tiempo, « mezclando todos los limbos sus colas »—, el personaje de los antipoemas también

[102] J.C. MARIÁTEGUI, « La realidad y la ficción » (1926), cit. de *El artista y la época*, Lima, Amauta, 1973, p. 23. Más de cincuenta años después, leo en *Le Monde*, 16.03.84 que Michael Ende declara en una entrevista que « pour trouver la realité, il faut passer par le fantastique » (p. 13).

sobreactúa su vida y de ella irrumpen en la representación, es decir, no sólo son escogidos por el antipoeta, determinados fragmentos — que, sin embargo, no son únicos, sino canjeables por otros equivalentes —, la sucesión de los cuales produce en el lector la sensación de cierta alucinada, insoportable continuidad.

Pero los antipoemas no culminan en el triunfo de los sentimientos pequeño-burgueses, como suele ocurrir en muchas películas de Charlie Chaplin. Al revés: este sentimentalismo pequeño-burgúes está denunciado en su mentira respecto a la realidad amorosa, una mentira promovida, por lo demás, por la ideología dominante en los *mass media* de la época. En análisis crítico de los antipoemas puede llegar a hacer visible la adaptación de una concepción sublime de la amada y el amor — que es anterior al mundo moderno — como una de las fuentes del sentimiento amoroso pequeño-burgués, cuya « espiritualidad », con el concurso de la simpatía y sana moral de los implicados, puede acceder al premio de la carne.

Por cierto, en *Poemas y Antipoemas* hay también parodia de modelos literarios. La primera parte del libro ofrece suficientes ejemplos del uso paródico — no sarcástico, sino melancólicamente irónico — del lenguaje y estados de ánimo de cierta poesía, llamada postromántica, que tiene la provincia como tema[103]. La « Oda a unas palomas » de la

[103] De hecho, el modelo que se parodia corresponde a la poesía sobre o de la provincia de autores como J.

segunda parte del libro es también un caso de parodia —de un género clásico y romántico— que se transforma en una anti-oda [104]. Pero es en los antipoemas mismos que la parodia literaria se relaciona con la poesía vanguardista, al través de la ridiculización del poeta romántico —« solía lanzar iracundas miradas a la luna »—, de la cita irónica del comienzo del *Quijote* o el uso de estructuras de lenguaje no poéticas, como esta forma del discurso, característica de un charlatán de feria:

Atención, señoras y señores, un momento de atención:
volved un instante la cabeza hacia este lado de la re-
[pública [105].

González Bastías (1879-1950) y M. Magallanes Moure (1878-1924) en Chile y, en otro sentido, al tipo de poesía de López Velarde o L.C. López (a este último probablemente no lo conocía Parra). Sobre L.C. López es sugestiva la observación de Gutiérrez Girardot (art. cit. de *Eco*, 214 (1979), p. 400) de que compartía con Unamuno « su ambigua relación con la provincia: la rechazaban y la criticaban, pero la necesitaban y por eso hicieron de ella un delicioso infierno. Sin la provincia, nada hubieran tenido que decir. Esta ambiguedad frente a la provincia despertó la impresión de que L.C. López fué un poeta irónico o humorístico, porque con sus irreverencias relativizaba el engolamiento y ponía en ridículo la necedad de la sociedad provinciana. Su burla de su amado provincianismo ha hecho creer que fué un poeta « revolucionario » —porque la serísima histeria del poshippismo parece suponer que burlarse de algo es realismo revolucionario— pero fué un poeta sustancialmente conservador ».

[104] Vid. C. Goić, *op. cit.*, p. 6, F. Schopf, « Introducción... », p. 24-25.

[105] N. Parra, « El peregrino », *Poemas y Antipoemas*, p. 82-83.

Pero el antipoeta parodia también algunas dimensiones del vanguardismo (en correspondencia a su actitud crítica ante las espectativas de conocimiento sospechosamente transcendente que asumió, por ejemplo, cierto surrealismo)[106]. Sus propios intentos de *écriture automatique* o sueños dirigidos son presentados un tanto cómicamente y quieren adoptar la forma de una parodia del poeta surrealista seriamente entregado a estos esfuerzos[107]. La denuncia de « la exaltación de lo onírico y del subconciente en desmedro del sentido común », por otra parte, está relativizada por el contexto irónico en que tiene lugar[108].

La actitud crítica que asume intermitentemente el antipoeta recae también sobre las pretensiones « visionarias » de parte de la literatura contemporánea (pensemos que Eliot, entre otros, hablaba de imágenes en que habría una aprehensión momentánea de una realidad trascendente al tiempo)[109]. En última instancia, no hay que olvidar que los anti-

[106] Una defensa del surrealismo contra la acusación de trascendentalismo en F. ALQUIÉ, *Philosophie du surréalisme*, Paris, Flammarion, 1955, p. 212 y 290 por ej.

[107] Interesante es conocer la opinión de testigos como Claire Goll, sobre la falta de humor de Breton, *op. cit.*, p. 123-127, esp. p. 125 y p. 230-231. Una opinión radicalmente diversa en O. Paz, *In/mediaciones*, Barcelona, Seix Barral, 1979, p. 151.

[108] N. PARRA, « Los vicios del mundo moderno », *Poemas y Antipoemas*, p. 96-100.

[109] T.S. ELIOT, *Four Quartets* (1935, 1940, 1941, 1942). Ahora en *Collected Poems*, London, Faber & Faber, 1962, p. 187-223.

poemas mismos han comenzado por ser parodia que apuntala y erige su fábrica —su *obra gruesa*— con materiales de deshecho, de segunda mano, restos de la más diversas e inesperadas procedencias.

Esta tendencia a la utilización paródica de las tradiciones literarias y culturales (por ejemplo, del lenguaje religioso) se intensificará en la obra siguiente de Parra y llegará a transformarse en uno de sus recursos expresivos fundamentales.

Recepción, ritmo y máscaras

El contacto inmediato de los antipoemas con sus lectores —inusual en poesía— está posibilitado, sin duda, por su lenguaje. Quizás éste, en un primer momento, desconcierte al lector, porque parece no cumplir con una de sus espectativas: la distinción tajante entre lenguaje de la poesía y lenguaje de la vida cotidiana, distinción a que lo tenía acostumbrado gran parte de la poesía anterior —desde la tradición romántica del poeta-vate y el poeta tribuno de la patria hasta el sacerdote modernista del arte— y la crítica establecida con su concepción elevada de la lírica [110]. Ahora, la lectura de los antipoemas le produce satisfacción y una sombra de duda: reco-

[110] Para la vigencia de la distinción entre discurso poético y discurso corriente en el Modernismo hispanoamericano, vid. indicaciones de n. 53. Sobre la « desacralización del yo poético » en los antipoemas, vid. M. Rodríguez Fernández, « Nicanor Parra, destructor de

noce palabras y frases del habla cotidiana —que coexisten, es verdad, con fragmentos de otros tipos de discurso—, pero, lo que es decisivo, reconoce a la vez un poeta, un personaje que no lo mira desde arriba; por el contrario, se dirige a él de igual a igual, lo agrede, le informa, le solicita ayuda y le habla de situaciones comunes. Incluso más: el pro-

mitos» cit., p. 70-100. Tb. F. SCHOPF, «Introducción...». p. 42-50. Sobre la relación con el lector, id., p. 27-34. Desde luego, en la poesía chilena e hispanoamericana ha habido intentos anteriores —como hemos visto en los casos de López Velarde, L.C. López, Pezoa Véliz— de introducir elementos del discurso cotidiano en el discurso poético, pero aún dentro de una concepción no crítica, no de ruptura y sin «desacralización» del yo poético y la poesía. Durante el vanguardismo chileno, Pablo de Rokha (1894-1968) intentó utilizar el discurso corriente, rural y urbano, para la creación de una épica moderna y popular. «¿De dónde emerge, se pregunta en 1965, este estilo que algunos granujas han llamado tremendista? Es la expresión de la vitalidad, de la grandiosidad, de la heroicidad auténticas del roto y del huaso chileno» (*Ercilla*, Santiago, 29.09.1965, p. 10). Pero la lectura de su voluminosa obra, enormemente dispareja, nos muestra que, por desgracia, muchas veces de Rokha más bien rebajó el discurso de sus conciudadanos a un dudoso heroísmo, que parece sacado de la sección épica de los tratados de Retórica con que debe de haber estudiado en un seminario religioso (y de la retórica futurista). P. de Rokha no logró, si no esporádicamente, la síntesis épica que buscaba, también acaso por su ambición de comunicar visiones de la totalidad. Sin embargo, es una figura de peso en la vida cultural de Chile. Sobre el uso de coloquialismos en *Residencia en la tierra* (1935) de Neruda, vid. mi «Introducción...», p. 30.

tagonista parece a menudo tener muchos menos recursos que los lectores para reaccionar ante ciertas situaciones. Es un personaje cómico —en el sentido aristotélico de la *Poética*, 1448a, 1449a—, que provoca la risa (bien que conmiserativa). Pero esta reacción del espectador se funda en un desenfoque, en su falta de concentración o, si se quiere, en una argucia del antipoeta. Es una cara de la medalla, una lectura superficial de la máscara, una cara del espejo en que los lectores terminan por reconocerse.

Que el empleo del « ordinary language » —y más aún su asumpción como discurso básico en cuanto estructura sintáctica, tono, ritmos, etc.— sea un *artificio* no se advierte sino en el curso de la lectura, es decir, por sus resultados inhabituales. El texto o discurso antipoético posee rasgos familiares para el lector, pero no lo conduce a la mera repetición del sentido y referencias habituales. No lo lleva al reconocimiento distraído de la realidad al través de su mediatización ideológica. Al revés, enfrenta al lector —en una especie de experiencia de shock— a la visión de situaciones análogas a las que vive, pero despojadas de su envoltura ideológica. El discurso antipoético rasga los velos de la vida cotidiana o algunos de sus velos: arranca al lector de la seguridad que lo oprime. Las máscaras que el lector reconoce en el protagonista y en el propio hablante —que en los antipoemas son dos grados de la misma persona— poseen rasgos familiares que, no obstante, le conducen más allá, al verdadero rostro, que es también su rostro. Las máscaras no tienen —como casi siempre en el modernismo— una relación arbitraria o externa con la persona que enmascaran[111]. Las máscaras del protagonista de los antipoemas son máscaras sociales. Lo que ellas ocultan es el desamparo, la petición de auxilio, búsqueda desesperada de resguardo. De este modo, los antipoemas fuerzan al lector a una *recepción activa*, en que él colabora en el descubrimiento de la realidad y las máscaras: su propia realidad y sus propias máscaras.

El empleo del discurso cotidiano —ya lo hemos visto— astutamente fué practicado a granel por los dadaístas, y antes más sabiamente por Laforgue, Apollinaire, etc.[112]. Pero el propósito de exactitud y de catalización expresiva que adquiere en los antipoemas encuentra apoyo más bien en algunas proposiciones programáticas del imaginismo inglés y, sobre todo, en el arte poética de Eliot, en que fueron integradas[113]. En efecto, en el prefacio a *Some Imagist Poets*, de 1915, se recomienda: « Tho use the language of common speach, but to employ always the exact word... To create new rhytms —as the expression of new moods. We do not insist upon

[111] Sobre la máscara en la poesía europea actual, vid. M. HAMBURGER, *op. cit.*, p. 87-112.

[112] Sobre Tristan Corbière, vid. M. HAMBURGER, *op. cit.*, p. 69, 71 y ss. Un estudio de la lengua poética de Corbière en A. SONNENFELD, *op. cit.*, p. 155-175. Sobre Laforgue, M. HAMBURGER, *op. cit.*, p. 83 ss. En relación con su poética, D. GROJNOWSKY, « La poétique de Laforgue », *Critique*, 237 (1967), p. 254-265. Sobre el discurso cotidiano en Apollinaire, vid. n. 55 y *Europe*, 451-452 (1966), p. 56-76.

[113] Vid. M. HAMBURGER, *op. cit.*, p. 157.

'free-verse' as the only method of writting poetry. We fight for it as principle of liberty. We believe that the individuality of a poet often be better expressed in free verse than in conventional form... Finally, most of us believe that concentration is of the very essence of poetry[114]. Dos años antes, en la revista *Poetry*, había exigido F.S. Flynt: « ... direct treatment of the 'thing', wether subjective or objective »[115]. Sintomática afinidad con estos principios muestra las declaraciones de Parra en 1948 de que « la materia prima con que opero la encuentro en la vida diaria » y de que « busco una poesía a base de 'hechos' y no de combinaciones o figuras literarias »[116].

En los antipoemas, el lenguaje cotidiano está empleado, aunque no lo parezca siempre, de manera concentrada, es decir, recurriendo a dimensiónes desatendidas de su capacidad expresiva. Un ejemplo notable es la utilización expresiva del ritmo[117]. El sujeto de los antipoemas apela al lector en un discurso de andadura familiar que lo reintroduce, sin dificultades, en sus hábitos de comunicación linguís-

[114] Prefacio a *Some Imagist Poets* (1915). Cit. de PETER JONES, *Imagist Poetry*, London, Penguin, 1981, p. 135.

[115] F.S. FLYNT, « Imagism » (1913), en P. JONES, *op. cit.*, p. 129.

[116] En HUGO ZAMBELLI, *Trece poetas chilenos*, Valparaiso, 1948, p. 79.

[117] Cf. las recomendaciones respecto al ritmo en el *imagism*: E. POUND, « Rhythm and Rhyme », en P. JONES, *op. cit.*, p. 132-133; tb. prefacio a *Some imagist poets* (1915), en P. JONES, *op. cit.*, p. 135.

tica. El personaje que este discurso representa se desplaza por la ciudad, por sus calles, plazas, bares, interiores, a la velocidad de un peatón. Sus movimientos son, como sabemos, desarticulados y —en textos como « Los vicios del mundo moderno », « La trampa » o « Las tablas »— van acelerándose progresivamente, aunque no siempre de manera uniforme. Sólo se detienen o interrumpen por extremo agotamiento físico o psíquico o por la aparición de algún accidente (in)esperado. También el ritmo de las imágenes y palabras con que el antipoeta nos comunica las peripecias del protagonista es susceptible de aumentar gradual, inadvertidamente su velocidad. Así, el lector es cogido por esta aceleración, se deja llevar por ella, que se transforma en condición necesaria, vehículo expresivo de la comunicación de las experiencias y descubrimientos antipoéticos. El ritmo adquiere aquí una función icónica, que no ha sido aún estudiada, pero es innegable.

Pero este no es el único aspecto de los antipoemas que no ha sido todavía suficientemente investigado. Sólo a partir de una ocupación más detenida con las formas y contenidos de los antipoemas, las condiciones de su producción y las características en que se ha dado su recepción —diversa en Chile, en Hispanoamérica y en el ámbito de lengua española— puede intentarse la determinación del lugar de la antipoesía en la historia literaria de la modernidad [118]. Los antipoemas han cumplido ya una fun-

[118] Ya en 1963 propuse la comprensión del significado diverso de los antipoemas en sus diversos contex-

ción histórico-literaria en el interior del ámbito cultural de lengua española y siguen cumpliéndola, aunque históricamente modificada. Quizás ello se deba a que ya nos movemos en un nuevo postmodernismo.

tos (vid. « Estructura del antipoema », *op. cit.*, p. 140-141 y p. 153). Desde la perspectiva de la literatura mundial, hay una breve, pero importante indicación en M. Hamburger, *op. cit.*, p. 290, nota.

Finito di stampare
dalle Arti Grafiche Moderne
nel mese di ottobre 1986